# Sé mala

Alicia Misrahi

# Sé mala

OCEANO AMBAR

3ª edición, febrero 2008

**Sé mala**
© Alicia Misrahi, 2004
Cubierta: Ilustración de Dani Jiménez

© **Editorial Océano, S.L.**, 2004, 2008
GRUPO OCÉANO
Milanesat, 21-23 – 08017 Barcelona
Tel.: 93 280 20 20* – Fax: 93 203 17 91
www.oceano.com

ISBN: 978-84-7556-345-9
Depósito Legal: B-25311-XLVII
Impreso en España - *Printed in Spain*

9001031030208

# Índice

# Introducción

## Piensa diferente: abre tu mente

¿Te crees distinta y especial? ¿Piensas que eres divertida, espontánea y original? Veamos. El dilema que te expongo a continuación está extraído de una prueba escrita que una empresa hace a sus candidatas.

Vas conduciendo en una noche de tormenta. Pasas por una parada de autobús y ves a tres personas esperando:
1. Una anciana enferma que parece a punto de morir.
2. El doctor que una vez salvó tu vida.
3. El hombre de tus sueños.
En tu coche sólo hay espacio para un pasajero. ¿A cuál escogerías? Razona tu respuesta.

Según la elección se puede intuir la solidaridad o el egoísmo de cada persona, pero también la originalidad y la rapidez mental. Razonemos cada opción:
Podrías llevar a la anciana; está enferma y no estaría bien dejarla morir en la parada. Tu obligación es salvarla. La opción de llevar al doctor es la que más suele descartarse. Aunque es una buena ocasión para demostrar tu agradecimiento y devolverle el favor, no es el mejor momento. En cambio, puede que nunca tengas ocasión de conocer al hombre de tus sueños si dejas pasar esta oportunidad. Muchas personas escogen esta opción alegando que el doctor puede cuidar de la anciana.

Sin embargo, la candidata que fue contratada, entre más de doscientas aspirantes, no tuvo que explicar su respuesta. ¿Qué dijo? Simplemente respondió: «Doy las llaves del coche al doctor, dejo que él lleve a la anciana al hospital y me quedo a esperar el autobús con el hombre de mis sueños».

Transgrede los límites, siempre hay una solución alternativa. No te quedes nunca con lo evidente, busca tus propios caminos. Este libro, por ejemplo, da muchas ideas sobre cómo seducir o jugar, pero no te convertirás en una seductora mientras no interiorices esta forma de comportarte y encuentres tus propias estrategias. De nada sirve que sigas mis consejos, si ni tú misma te los crees. Tienes que hacerlos tuyos y encontrar tu propio estilo a la hora de seducir. Trabaja ahora mismo, de forma divertida y relajada, para convertirte en una seductora original y divertida. ¿Que no quieres convertirte en una seductora? No me lo creo. Puede que no quieras atraer a diez hombres a la vez, pero... ¿no te gustaría acaso seducir al hombre de tus sueños? O mejor aún, sé sincera: ¿captar la atención de la gente que te rodea, en el trabajo, en tu círculo de amigos o en cualquier otro lugar, y que te acepten, valoren y te tengan en cuenta?

La seducción es una forma de ser. No es necesario que te conviertas en una vampiresa, ni que estés *siempre* impecable; se trata más bien de que crees una atmósfera determinada que te permita incluso estar atractiva con una camiseta de algodón y unos vaqueros, o con el pelo revuelto. Y esto sólo se consigue gustándote a ti misma; en ningún caso angustiándote por gustar a los demás.

Y sobre todo, nunca hagas caso a consejos con los que no te sientas cómoda o identificada. Me refiero a los del tipo: «Preséntate a tu primera cita sin bragas» —que, por otro lado, nunca recomendaría por ser demasiado explícito—. Aunque si te apetece hacerlo, ¡adelante! Una de las reglas principales de la seducción es: «Haz siempre lo que te apetezca», a menos que perjudique tus intereses...

Seducir no significa ser capaz de llevarte a la cama a quien quieras —que también—, sino de encandilar a todos... Una seductora fascina a todo el mundo: hombres, mujeres, niños, perros y gatos. Es alguien que brilla con una luz especial y reúne una serie de virtudes y, también, un abanico de defectos que sabe disimular o convertir en ventajas. No es perfecta, pero nadie pretende que lo sea, ni nadie se lo plantea.

Y es hora de desmentir una idea errónea que circula por ahí: que las seductoras son mujeres que apabullan con su presencia ¡Para nada! Una auténtica seductora debe saber escuchar y saber hacer que los demás también brillen. No hay nada más agotador que intentar ser la reina de la noche en todo momento: una seductora segura de sí misma sabe cuándo callar para que otros tengan su momento de gloria. Es la única forma de que los demás se sientan a gusto a su lado y, de paso, evita desgastarse en el intento de ser ingeniosa.

Esto es aplicable tanto a una reunión de amigos como a una cita amorosa. Sé dúctil, sé tolerante, sé flexible... Disfruta de los demás y ellos disfrutarán contigo.

Y sé femenina y coqueta. Que seas autosuficiente no significa que debas renunciar a tu feminidad. Hombres y mujeres somos, desde luego, diferentes, pero debemos tener los mismos derechos. Por tanto, que él siga abriéndote la puerta y cargando con los paquetes pesados; al fin y al cabo, está genéticamente dotado para ello, y tú siempre podrás corresponderle haciéndole un regalito, un masaje o teniendo cualquier otro tipo de detalle seductor con él...

## Reglas **de la seductora**

1. Sabe buscar soluciones originales a todo tipo de problemas. Su imaginación es desbordante.
2. Sabe pedir lo que quiere, es asertiva.
3. Sabe sacar ventajas de los inconvenientes. Si tiene el pelo revuelto, se lo recoge en un moño y se siente genial, y no va con la cabeza gacha preguntando a todo el mundo si está horrible.
4. Sabe jugar a cualquier cosa: desde el póquer hasta una apuesta de dominación con su amante. Es divertida.

➤

5. Sabe esperar, nunca se precipita.

6. Se precipita cuando conviene, entonces parece impulsiva y alocada, pero nunca pierde el control.

7. Conoce el valor del silencio y sabe usarlo. Nunca habla por llenar huecos.

8. Conoce bien al contrario. Los trucos no le sirven si no sabe a quién tiene delante.

9. Sabe escuchar, sólo así puede conocer a su «víctima» y saber por dónde va y de qué pie cojea.

10. Es flexible y adaptable. Cuando algo le sale mal sonríe y busca una alternativa. Se crece ante los retos.

11. La verdad es flexible y moldeable en sus manos. No miente, pero tampoco dice toda la verdad y, cuando sugiere, puede llevar a su enamorado a que saque sus propias conclusiones —las de ella, claro.

12. Es una mujer segura de sí misma.

13. Quiere en la medida en que es querida.

14. Nunca lo abandona todo por amor, ni permite que nadie lo haga por ella. Pero si hay que cambiar de ciudad, es él quien lo hace; a menos que ella tenga una buena oportunidad laboral en aquel lugar.

15. No hay límites. Una seductora está dispuesta a llegar a las últimas consecuencias. No hay reglas. Cualquier regla se puede romper en cualquier momento si conviene.

# Satisfecha
# contigo misma

## ¿Qué quieres conseguir?

Desde Estados Unidos nos bombardean con películas en las que las mujeres buscan desesperadamente conseguir al hombre de sus sueños, convertirlo en el marido ideal y celebrar una gran boda en la que poder lucir como una auténtica reina Barbie.

No parecen darse cuenta de que ellas, probablemente, son hijas, hermanas o amigas de mujeres separadas, y que pueden acabar del mismo modo si convierten el matrimonio en su principal o única meta en la vida. Estas películas y libros como *El diario de Bridget Jones*, y similares, muestran a mujeres supuestamente independientes que luchan desesperadamente por no estar solas o, mejor dicho, por dejar de ser solteronas. El argumento es siempre el mismo: la solterona ávida de matrimonio y el soltero de oro al que nadie puede cazar... y aunque ha habido un cierto cambio social en la equiparación de los sexos, todavía queda mucho camino por recorrer.

Pero no todas soñamos con atrapar a un hombre y casarnos, a algunas les gusta conquistar para pasar una noche loca; a otras, tener un novio que las adore —sin que por ello se convierta en su sombra—; y otras prefieren en cambio tener un pequeño harén.

¡No dejes nunca que nadie te diga lo que tienes que hacer! Tu opción es tan respetable, única y maravillosa como cualquier otra. Y es tu opción. No todas tenemos que llegar a ocupar cargos importantes, ni hay nada de malo en dejar los estudios; tampoco es condenable querer comerse el mundo o dedicarse a cuidar a una veintena de niños... Todo sirve, todo vale. Desde ser la sombra de tu hombre —siempre por voluntad propia—, a convertirte en la *Casanova* femenina de nuestros días.

Lo más importante a la hora de seducir es, primero, tener claro qué quieres lograr, independientemente de que esté bien visto socialmente o no y, segundo, pero aún más importante si cabe, sentirte bien contigo misma. Si irradias seguridad, conseguirás (casi) todo lo que te propongas.

No te pediré que hagas una lista de las cosas que quieres conseguir, sólo que te marques un objetivo: «¿Qué buscas de un hombre concreto?». Porque, desde luego, la forma de actuar será muy diferente si quieres una noche espectacular, un amigo con derecho a roce, un novio eterno o un marido devoto. También tienes que identificar a quién tienes delante, porque no todo funciona con todos...

No hay trucos universales, pero sí pequeñas ayudas para seducir y algunas tendencias masculinas generales que debes tener en cuenta.

En este libro te propongo ser tú misma —en versión algo dulcificada para que los demás te soporten— para conseguir tus propósitos pasándotelo lo mejor posible. Te sugiero una visión juguetona, atrevida y maliciosa del ligue y el coqueteo. ¡Sé mala! ¡Piensa en ti! Se acabó la era de las mujercitas sufridas y complacientes. Toma las riendas de tu vida y tus relaciones, y manda a paseo a todos aquellos que no cumplan tus expectativas.

Hay algunas técnicas y triquiñuelas que pueden ayudarte, pero no abuses de ellas, no las emplees indiscriminadamente y jamás las expliques. Recuerda otra cosa: nunca presiones ni chantajees, sé sutil, la fuerza bruta acabará por volverse contra ti; cualquier cosa que tu novio, amigo especial o amante deje porque tú le presionas acabará por estallarte en la cara… Puede que no hoy, ni mañana, ni pasado, pero sí algún día. Sé mala, pero lo justo para que no te descubran.

Y recuerda: si te sale mal con uno, hay muchos más… No intentes cambiarles, no podrás. Aunque no es del todo cierto eso de que «los hombres no cambian», lo hacen, pero para mal.

Una noticia divertida: según un sondeo realizado por la web *www.autofeminin.com*, el 47 % de las mujeres confía más en los consejos de su horóscopo que en los de su pareja. Así que, quizá no dependemos tanto de su opinión y aprobación como ellos, y nosotras, pensamos.

## Tu cuerpo

Cuando preguntas a los hombres por los defectos de las mujeres, resulta que los terribles michelines que tanto nos atormentan, la incipiente (o tremebunda) piel de naranja que paraliza a tantas mujeres, o los primeros signos de flaccidez son contemplados por ellos como apetitosas redondeces femeninas y curvas peligrosas.

No somos perfectas. Ni falta que nos hace. Resulta que somos más críticas con nuestros defectos que ellos, que ni siquiera se dan cuenta, y en algunos (gloriosos) casos ni siquiera saben muy bien qué es eso de la celulitis. Es más, a ellos suelen gustarles las mujeres «mujeres» y no esos palitroques que la moda intenta imponer. Una realidad incontestable: a los hombres les gusta que haya curvas y para que haya curvas, tiene que haber carne.

Olvídate de complejos y no los atosigues con preguntas sobre tu físico. Nada puede haber más aburrido que una chica que se pasa la vida mirándose al espejo porque su flequillo se riza o porque tiene la idea de que parece un caniche, o que pregunta constantemente si su culo es más o menos gordo que el de Oprah Winfrey.

¡Fuera complejos!, pero de verdad. Y para ello nada mejor que disfrutar de tu cuerpo. Mírate en un espejo de cuerpo entero y obsérvate con ojos nuevos, como si nunca te hubieras visto antes. Valora tus puntos fuertes, aprende a sacar partido de ellos y haz que tus puntos débiles queden en un segundo plano. Pero no escondas nada, porque todo aquello que quieras tapar acabará convirtiéndose en el centro de atención. Si realmente te acompleja alguna parte de tu cuerpo, pregúntale a una amiga de confianza, quizá te sorprenda descubrir que ella ni se había dado cuenta de *tu terrible defecto*.

Incluso en el caso de que tengas un culo enorme, unas caderas demasiado voluptuosas, unos pechos abundantísimos, una barriga algo más pronunciada de lo normal o cualquier otra *peculiaridad*, nada está perdido. No eres sólo un físico, eres muchas más cosas, y si irradias alegría y seguridad en ti misma, seguro que acabarás pareciendo mucho más atractiva que un figurín que no es capaz de reírse a carcajadas por miedo a que se le caiga la minifalda ajustada.

Puedes —y debes— cuidar tu cuerpo, pero no convertirte en esclava de él. Otra curiosidad muy útil y esperanzadora: a los hombres les suelen parecer *sexys* esas pequeñas barriguitas que tanto nos atormentan. Sé realista, nunca podremos eliminar según qué defectos, pero sí convertirlos en virtudes. Y además, como decía con buen tino una amiga mía: «Ana, ten en cuenta que las personas no somos puertas, que son planas».

Por lo tanto, aprende a quererte y a sacar partido de ti misma, y convierte tu arreglo diario, el deporte y los cuidados semanales en un placer... Y carga las tintas no en tus arruguitas, tu barriguita o tus pechos (no tan turgentes como mandan las revistas), sino en todo lo bueno que hay en ti: tu inteligencia, tus ganas de vivir, tu alegría, tu simpatía, tu vitalidad, tu forma de contar chistes, tu creatividad, tu ingenio... todo aquello que, en definitiva, te hace interesante y atractiva, y se asoma a tus ojos o a tu forma de moverte y te hace más bella. Y no te obsesiones por gustar o por quedar bien con todo el mundo, ya lo dijo Oscar Wilde: «Querer gustar a todo el mundo es la mejor manera de no gustarle a nadie».

Lo importante es ser feliz. ¡Y te lo mereces todo! Desde que él recorra medio país para venir a verte, hasta que se pase diez minutos o quince, o los que hagan falta, con la cabeza entre tus piernas haciéndote feliz.

## Verdades **de la vida**

- Para que haya curvas –que ellos adoran–, tiene que haber carne. Olvida los complejos.
- Si él quiere hacerte feliz, deja que lo haga, aunque tenga que dedicarle mucho tiempo y esfuerzo. Eso también le hará feliz.
- No te pases de independiente y autosuficiente. Deja que te ayude y apóyate en él cuando sea necesario.

## Tu apariencia

No te vistes para los demás. Te vistes para sentirte a gusto contigo misma, por lo tanto no debes nunca ataviarte según la idea que tienes de lo que los hombres consideran sexy, sino de forma que *tú* te sientas seductora...

La mayoría de las veces no es cuestión de enseñar más o menos, ni de ponerse complicadísimos vestidos, sino de resaltar tus puntos fuertes. No pongas el acento en dos partes de tu cuerpo a la vez: por ejemplo, nunca lleves minifalda si llevas un *top* de tirantes, sólo lograrás acortar tu cuerpo. Y si llevas un escote de vértigo, no marques las caderas... Pero ante todo, debes sentirte identificada con la ropa que lleves.

Juega a ser traviesa... sobre todo en tu interior. Haz una prueba: ponte un precioso sujetador de encaje y unas braguitas a juego y por encima unos tejanos y una camiseta sencilla. Cuando hables con alguien, piensa en lo que llevas puesto, aunque tu interlocutor ni siquiera lo sospeche, y en que eres fuerte, sexy y poderosa.

Y esto nos lleva a otro punto: ponte siempre ropa interior bonita y tira esas braguitas cómodas «que están un poco viejas, pero total no las va a ver nadie». Si eres una chica mala, nunca sabes cuando tendrás ocasión de enseñarlas... Y, aunque no tengas que hacerlo, tú siempre sabes lo qué llevas puesto, así que ¡mímate!

Piensa una cosa, unos tejanos y una camiseta de algodón no pueden estropear el efecto de un conjunto interior, al contrario, el contraste puede ser una agradable sorpresa tanto para ti, que puedes redescubrir tu cuerpo sensualmente, como para tu pareja, que se encontrará con algo inesperado. En cambio, una ropa interior en malas condiciones o algo vieja puede estropear el mejor y más costoso vestido de noche.

**Sexy y natural.** Nunca intentes parecer una muñequita; un *look* apabullante tiene que ser por fuerza cómodo, de lo contrario acabarás pareciendo una tonta.

Es cierto que los tacones hacen las piernas más estilizadas y largas, pero hay casos en los que es mejor ponerse unos botines o unos zapatos cómodos y correr millas con ellos. Mejor un pequeño toque pizpireto y juguetón que te permita divertirte, que unos zapatos de cine que te hagan sufrir. Cuando te pones unos zapatos altísimos, te estás vistiendo para gustar(les); en cambio, si te calzas unos zapatos divertidos que se adapten a tu pie, te estás preparando para disfrutar y, por lo tanto, gustarás.

Una amiga mía tenía la costumbre de salir a ligar hecha un figurín. Era alta (1,75 m) y con sus tacones altísimos, sus piernas largas y su minifalda de escándalo producía una sensación increíble... Hasta que andaba, porque después de salir tres noches seguidas con sus supertaconazos, le dolían tanto los pies que caminaba dando saltitos de dolor y poniendo una cara de sufrimiento atroz que no le favorecía nada. Cuando me enseñó los pies casi me muero: los tenía completamente amoratados.

Por no hablar de otra amiga que se presentó a la boda de su hermana con unos preciosos zapatos de tacón alto que le hacían tambalearse de un lado a otro como si estuviera bebida. Los invitados, socarrones y atentos, le decían: «¡Estás guapísima!» y ella respondía: «¡Parezco un pato!». Y tenía razón. Sí, yo también le aseguré con una gran sonrisa conciliadora que no lo parecía... Pero, pobre, ya que se había equivocado completamente, lo mejor que podíamos hacer sus amigos era mentirle con algo bonito ¿no?

Encuentra tu estilo y el equilibrio justo entre lo que es adecuado para una ocasión, lo que te favorece y lo que hará que te sientas cómoda. Regla número uno: No salgas jamás de casa con unos pantalones que te aprieten un poco o con unos zapatos que te causen una pequeña molestia. Si cuando te los acabas de poner ya lo notas, al cabo de dos horas estarás martirizada.

Un truco clave que nunca tienes que perder de vista: tú debes ser el centro de atención; en ningún caso, tu ropa debe resaltar más que tú. No existen reglas para todas, pero sí algunas recomendaciones que debes tener en cuenta sobre caderas anchas y pechos voluminosos. Pero sin obsesionarte y sin complejos... Lo más importante es ser feliz y sentirse a gusto con una misma.

Pero piénsalo bien, no todas podemos atrevernos con todo... Puede que en la soledad de tu casa y ante el espejo te veas divina con ese ceñido vestido, pero ¿estás preparada para afrontar las miradas y alguna que otra crítica? Si la respuesta es sí: ¡adelante! Pero si te vas a sentir incómoda, es mejor que te pongas algo menos atrevido, que igualmente te favorezca y te haga sentir sexy, sin poner a prueba tu autoconfianza.

Si no puedes pasar de la opinión de los demás, te propongo un juego: disfrázate por un día. Ponte una noche algo que nunca te pondrías y que te haga sentir distinta y compórtate como si fueras otra persona: más atrevida, más maliciosa, más loca, más sencilla, más sincera, más dulce... Alguien totalmente diferente a ti. Te ayudará a conocer distintas versiones de ti misma y a conocer en qué facetas te sientes cómoda. Atrévete a jugar. Transgrede tus propios límites.

## Verdades **de la vida**

- Si tienes poco pecho, usa camisas con bolsillos o frunces a la altura del pecho y lleva tops drapeados no demasiado ajustados. Si, por el contrario, tienes mucho, decántate por las rayas verticales finas y los escotes en pico. Si tienes las piernas bonitas, lúcelas para desviar la atención.
- Si tus caderas son demasiado anchas, usa chaquetas que destaquen los hombros y ciñan algo la cintura o que sean cuadradas y largas. Utiliza tonos oscuros en las prendas inferiores.
- Si tienes un trasero prominente, no ciñas demasiado la cintura. Usa faldas amplias y con caída y pantalones vaporosos.
- Si tu cintura es demasiado ancha, usa cinturones anchos. Los vestidos serán preferiblemente de corte imperio (de cinturilla alta). Usa prendas con pinzas en la cintura.
- Si tus piernas son cortas, utiliza pantalones rectos de cinturilla alta, o anchos y de tejidos vaporosos. Usa algo de tacón, pero no demasiado, pues acortarías aún más las piernas. No uses botines.

**Sé una belleza natural.** Un alto porcentaje de hombres dice que prefiere que las mujeres se maquillen, pero muchos odian esa espesa capa de maquillaje a modo de careta o que el lápiz labial se les quede marcado en los labios, y en toda la cara, cuando les besan, haciéndoles parecer unos auténticos payasos. Aunque... jugar con un pintalabios rojo y dejar que se deshaga a besos puede ser también muy estimulante, todo depende del contexto.

El secreto de un buen maquillaje es que sea discreto; es decir que resalte tu belleza natural y disimule las pequeñas imperfecciones del rostro. Algo tan simple como pintarte la raya del ojo, aplicarte máscara de pestañas o darte un toque con brillo de labios, puede hacer que tus ojos parezcan más expresivos y grandes o tus labios más carnosos. ¡Ya tendrás tiempo a los sesenta de hacerte una restauración completa! Y entonces, tampoco te servirá de mucho, a no ser que quieras parecerte a una de esas momias *starlettes* de las que todavía corren —o más bien se arrastran— por ahí. Con eso no quiero decir que no se pueda ser bella a los sesenta, al contrario, si te cuidas y potencias tu belleza interior, nada hará que pierdas la luz de tu mirada, el brillo inteligente de tus ojos, la sonrisa abierta y cálida… pero olvídate de pretender parecer una muchachita de veinte. No te pintes como una mona ni te cubras como un arbolito de Navidad; recuerda que nada puede sustituir el brillo de una persona feliz y de risa fácil. Un gran consejo: ¡ríete!, tu piel y tu pelo se hidratarán (casi) por arte de magia. Otro gran consejo de belleza: practica el sexo. Además de hacerte sentir deseada y sexy; hará que estés más guapa porque te equilibra y te hace feliz.

## Arreglo express

▪ **Rostro resplandeciente.** Para mostrar tu mejor cara, es fundamental que te cuides bien el cutis y mantengas tu piel limpia e hidratada. Los tres gestos fundamentales de una buena limpieza de cutis son: limpiar, tonificar e hidratar. Existe una gran variedad de productos limpiadores de diferentes texturas, pero lo mejor es utilizar una leche limpiadora (si tu cutis es seco) o un gel facial (si es graso). El tónico arrastra los restos de suciedad o grasa y refresca la piel.

En cuanto al tipo de crema hidratante dependerá de cómo sea tu cutis: seco, graso o mixto.

Una vez a la semana, aplícate un *peeling* y una mascarilla facial —puedes reservarlo para ese día especial que sales o tienes una interesante cita. Su efecto es inmediato y, en pocos instantes, tu piel mostrará un aspecto luminoso y rejuvenecido. El *peeling* ayuda a mantener la piel limpia de impurezas, más lisa y suave. En cuanto a la mascarilla, si tienes la piel grasa, utiliza una purificante, a base de arcilla, que ayuda a absorber el exceso de sebo y evita la aparición de puntos negros. Si tu piel es normal o seca, lo mejor es una mascarilla relajante que proporcione al cutis luminosidad y tersura.

**Las cejas** dan expresividad y belleza al rostro. Si las tienes bien formadas, luce unas cejas naturales: son las más bonitas y favorecedoras. Pero si su forma no acaba de convencerte, acude a un profesional que pueda orientarte y darles la forma que más favorezca a tu rostro. Olvídate de cambiar radicalmente su forma natural o de depilarlas demasiado; las cejas muy finas dan un aspecto demasiado sofisticado y pasado de moda. Si te ves con ánimos de hacerlo tú misma ten en cuenta estas recomendaciones:

Antes de depilarlas, péinalas y delimita visualmente la zona que vas a depilar. Es importante seguir el arco natural de la ceja como guía y arrancar los pelitos desde la parte inferior. Fíjate bien en que ambas cejas queden lo más simétricas posible. Necesitarás precisión y destreza para no eliminar más pelos de los necesarios. Para ello elige unas pinzas que permitan coger correctamente el vello y arranca, uno a uno y en dirección al sentido en que crecen, los pelos que se salgan de la línea que quieres trazar. Un espejo de aumento te facilitará la tarea. Unas cejas bonitas implican un grosor y un largo proporcional a la forma del rostro y al tamaño de los ojos. Por lo general, se dejan gruesas en su base y más finas en los extremos.

**Labio superior.** Decolóralo si sólo tienes una fina pelusilla, pero depílalo si el *vello* pierde su nombre y se convierte en *pelo*. Hazlo siempre con métodos de depilación que vayan directamente a la raíz (como la cera o la depilación eléctrica) y nunca rasurándolo con crema o cuchilla, ya que hace que el pelo crezca más rápido y sea más duro. En la depilación facial, se recomienda esperar 24 horas para usar maquillaje, pues conviene que la piel se mantenga limpia para evitar posibles irritaciones.

**Pelos fuera.** Depila piernas y otras zonas estratégicas. Te hará sentir limpia, suave y sexy. Desde siempre las mujeres hemos luchado contra los antiestéticos pelitos corporales; en Egipto, por ejemplo, ya utilizaban fuego para eliminarlos. Por suerte, hoy en día existen técnicas mucho menos peligrosas y más eficaces. Las más recomendables son las que eliminan el vello de raíz ya que retarda su crecimiento: La cera (ya sea caliente, tibia o fría) y las depiladoras eléctricas son las más populares, aunque las técnicas definitivas (láser y depilación eléctrica) cada vez cuentan con más adeptas. Sin embargo, en caso de problemas circulatorios, alergias o piel sensible, es mejor evitar los métodos de depilación que implican tirones, dolor o calentamiento de la piel y optar por cuchillas, cremas o espumas, que aunque de resultados poco duraderos, no irritan la piel. Estas últimas, además, ofrecen la ventaja de poder depilarte en pocos minutos en cualquier momento y lugar. El vello nace con más fuerza (pinchando al tacto), pero no es cierto, en cambio, que salga más cantidad o más oscuro. Sólo se recomienda para emergencias, zonas con poco pelo (como las axilas) o mujeres con vello escaso y piel sensible.

Independientemente del método que utilices, es importante hidratar bien la piel después de la depilación. Puedes utilizar una hidratante con propiedades emolientes y calmantes como el áloe vera. Las cremas para después del sol (*aftersun*) son muy recomendables para calmar las rojeces producidas por la depilación con cera caliente. Los retardadores de vello (en ampollitas, espuma o crema) son también una buena solución para después de la depilación. Para evitar que te salgan manchas en la piel, espera al menos 24 horas antes de exponerte al sol.

## Maquíllate para triunfar

■ **Bases correctoras y antiojeras.** Estos productos sirven para cubrir defectos. Para aplicarlos correctamente debes distribuirlos por la zona (ojeras, granitos, manchas, alguna cicatriz…) en líneas discontinuas y nunca con un trazo grueso. Después esparce el producto con las yemas de los dedos para que se funda con la piel y no se note. Para las manchas oscuras, utiliza un corrector de tono claro; para las rojeces es preferible un corrector de tono verdoso.

- **Fondo de maquillaje.** Se utiliza para darle a cutis un aspecto fino, unificar el tono de la piel y cubrir imperfecciones. Es importante que el color sea lo más parecido posible a nuestro tono de piel. La función de un buen maquillaje no es broncearte, sino alisar y embellecer el cutis. Si lo que quieres es parecer más morena, utiliza una crema autobronceadora.

A las pieles claras les favorecen las bases de color marfil o rosado; a las morenas, los tones ocres y dorados. Si tu tez es aceitunada, aplícate una base con un tono algo anaranjado.

Existen varios tipos de maquillaje: en crema (ideal para pieles secas), fluido (pieles mixtas), polvo compacto o barra (para pieles grasas). Lo más importante es aplicarlo bien por toda la cara (sin olvidar la zona del contorno de ojos, el nacimiento del pelo, las orejas y el cuello.

Los polvos (ya sean compactos o sueltos) se utilizan para dar el toque final al maquillaje; ayudan a fijarlo y evitan que aparezcan brillos en los cutis grasos y mixtos. Antes de empolvarte, pásate un pañuelo de papel por el rostro para eliminar el exceso de maquillaje y grasa en la piel.

En cuanto al colorete, aplícalo en círculos y en muy poca cantidad. El resultado no debe ser circular, sino que tiene que trazar una suave línea ascendente.

- **Luz en la mirada.** Haz que tus ojos parezcan más profundos aplicando *eye liner* en el párpado superior. Empieza más o menos a un tercio del ojo y sigue hasta el extremo exterior. Si quieres completar el efecto, traza una línea en el párpado inferior. Acaba esta línea con un trazo de lápiz negro fino. Sobre todo, es imprescindible que esta línea vaya del rabillo del ojo hacia arriba, de lo contrario tus ojos parecerán caídos. Par dar más luz a tu mirada, aplica un punto de luz con polvos nacarados en el centro del párpado superior, justo debajo de la ceja. Por último, aplícate máscara de pestañas para alargarlas.

- **Da color a tus labios.** Sobre todo, si los tienes finos, jamás uses un delineador por encima de la línea natural de tus labios porque se notará mucho. Para que parezcan más carnosos, una alternativa que no se nota es pintarlos en el centro con un lápiz color beige y cubrir después con el color que vas a usar. Un poco de brillo con sabor a frutas es una alternativa muy jugosa y suculenta.

## Tu seguridad

No eres el centro del mundo. Métete esto en la cabeza y te liberarás. Lo que puede parecerte un «ridículo espantoso» no es más que una pequeña anécdota que recordarás con gracia en el futuro. Puede que en el momento provoque la burla o las carcajadas de los demás, pero no por eso va a convertirse en tu tarjeta de presentación para el resto de tu vida, ni mucho menos.

Dale Carnegie, al que no hay que tomarse al pie de la letra ni mucho menos, tiene su más sabio consejo en aquello de «Haz lo que temes». Es lo que te llevará a superarte, a vencer miedos y a ser tú misma.

Haz una prueba. Recuerda tu peor *ridículo* y cuéntalo a tus amigos, tanto a aquellos que lo vieron como a los que no. Verás como los que no lo vieron se ríen contigo —no de ti—, y los que fueron testigos de tu «lamentable error» puede que ni siquiera lo recuerden. Además, si todavía te queda alguna duda de haber quedado como una auténtica tonta, comprobarás otra cosa: que cuanto más lo cuentas, más te ríes y menos te pesa. Usa este truco: cuando te sientas mal por haber hecho el ridículo, explícalo a cuantas más personas mejor, dando todo tipo de detalles graciosos y exagerando aun más el incidente. Aprende a reírte de ti misma y los demás te encontrarán divertida, ingeniosa y encantadora. ¡Aprovecha tus equivocaciones o meteduras de pata como material sensible para seducir!

Son muchas las situaciones que nos pueden hacer sentir inseguros o perder los papeles. ¿Eres de esas personas que olvidan al instante el nombre de las personas que les presentan? Haz otra prueba, cuando te encuentres en una situación así confiesa que no recuerdas su nombre con una amplia sonrisa, verás como, muchas veces —la mayoría—, la persona que tienes delante tampoco se acuerda del tuyo. Piensa una cosa: si una relación de amistad o compañerismo entre dos personas tiene que ir mal no será precisamente porque no recuerdes su nombre.

**No consumas tópicos.** No te creas las mentiras de otras mujeres «más experimentadas» que tú, sobre todo las del tipo: «Todos los hombres son iguales». Sólo casi todos son iguales... Pero eso no es un problema, sino más bien una ventaja porque, en algunos aspectos, pueden ser deliciosamente previsibles.

Lo primero que tienes que quitarte de la cabeza, si has tenido una mala experiencia y te han roto el corazón, es que no merece la pena enamorarse y a ti nunca más te va a pasar. Nada de eso. El enamoramiento es el estado perfecto... Aunque se puede sufrir mucho esperando una llamada que no llega a tiempo o intentando averiguar si él está tan loco por ti como tú por él. Hay formas de saberlo, y todas ellas pasan por no engañarte a ti misma... Vamos a ver si nos enteramos de una vez: un hombre *nunca* pierde el teléfono de una mujer que le interesa. Nunca. Por tanto, si no llama, es que no quiere hacerlo, no le des más vueltas. Y si le llamas tú, lo único que conseguirás es una evasiva, una cita a regañadientes o que piense que estás loca por él, lo cual es cierto pero, tácticamente, a esas alturas de la *relación* no te interesa en absoluto.

Tampoco pienses que llamándole cuatro veces el mismo día demuestras que eres una mujer con iniciativa, al contrario, lo que le estás mostrando es ansiedad... Y esa no es una buena imagen para ti. Reprímete a la hora de llamarlo, aunque tengas que morderte los dedos... En estos casos, menos es más.

Y, por otro lado, aprende a disfrutar la zozobra que experimentan los más locos amantes: hay un placer agridulce en pensar que él ya te ha olvidado o no tiene ganas de verte o que no piensa en ti... Sobre todo, si eso ocurre cuando hace media hora que has colgado el teléfono después de estar una hora hablando con él, o diez minutos después de despediros tras haber pasado una noche loca de amor y pasión o una tierna velada de confidencias.

La canción dice que «puedes saber si un hombre te quiere por sus besos» (*It's in his kiss*, versionada por última vez por Cher). Cierto, pero también por sus ojos, no hay nada más explícito que ese brillo especial que hasta hace que los ojos cambien de color... Más adelante hay un apartado dedicado a las (devastadoras) señales que en ellos deja el enamoramiento...

Pero si no estás enamorada ni quieres enamorarte y lo que quieres es pasar un rato divertido, llámalo sin dudar. Sé pícara y seguro que conseguirás una cita divertida y sin problemas.

Una de tus mejores bazas, tanto para interesarle en serio como para que caiga en tus redes exclusivamente durante una noche, es envolverte de misterio y generar en él el deseo irresistible de quererte. Recuerda a Scherezade, que siempre dejaba las historias a medias para interesar al califa. Puedes hacer algo parecido insinuando algo y dejándolo en el aire con un travieso: «Pero esto ya te lo contaré más adelante»; o un despreocupado pero no menos juguetón: «Esto tendrá que esperar a la próxima vez que nos veamos»; o algo así como «Todo a su tiempo, no seas impaciente» seguido de un guiño de ojo. La sonrisa es la clave para llegar a él. Recuerda que, tanto hombres como mujeres, lo que más valoran del otro sexo es... *El sentido del humor*. Hazle reír y será tuyo. Aprende a provocarle y será tuyo.

Eso sí, olvida esa actitud de «todos son unos miserables» porque lo único que haces es colocarte en el papel de víctima. Reserva esa frase para cuando quieras reírte y destriparles con un puñado de amigas, pero no vivas de acuerdo con ella. Lleva las riendas de tu vida: ellos harán contigo lo que tú quieras que hagan, por lo tanto, toma la delantera y decide tú el rumbo que quieres que tome la relación... Sé mala, sé traviesa, ocupa su mente con tu cuerpo, haz que te deseen, haz que te persigan, haz que crean que les haces un favor por concederles un minuto de tu tiempo y muéstrate (casi) tal como eres cuando tengas una cita: natural y divertida, segura de ti misma... Diviértete con ellos y los tendrás a tus pies. Y no te pongas límites, puede que hayas decidido no enamorarte y ser una chica muy mala y partirles el corazón, pero si encuentras alguien que valga la pena, ¿por qué te vas a negar ese gusto? Sé cambiante, sé flexible... Quizá tengas también muy claro que no debes liarte con un hombre casado, pero... ¿qué hacer con ese cuarentón tan apetecible? Si te apetece, ve a por él, pero ten claro que vas a ser la *Otra* —que, por otra parte, puede ser un estado muy cómodo. Y si vuelves a cambiar de opinión y quieres cazarlo: hazlo.

## Tu alma: la pasión

No te reprimas. Lejos quedan ya los tiempos en que las mujeres debían ser castas, puras e inocentes. Quizá no tan lejos como nos gustaría, pero es algo que cambia día a día.

En el camino de la seducción debes hacer una primera elección que marcará tu futuro: ¿quieres seducirlo a toda costa aunque para ello tengas que disimular, aparcar algunos aspectos de ti o parecer más cándida de lo que eres o quieres gustarle por ti misma —aunque convenientemente aderezada, todo hay que decirlo—? Una u otra opción marcarán tu estilo y tus límites. Seguramente te sentirás más realizada si no tienes que esconderte tras un personaje porque, tarde o temprano, tus disimulos o mentirijillas acabarán por pasarte factura, pero quizá también sea buena idea no mostrarte al completo en las primeras citas para evitar asustarle, sobre todo en el aspecto sexual. ¡Pobres! Si ahora están más desconcertados que otra cosa porque ya no saben qué papel deben jugar ni qué esperamos de ellos.

# Tu mente

En algunos aspectos, incluido el laboral, se empiezan a reconocer nuestros puntos fuertes que, evidentemente, se hacen patentes en muchas áreas de la vida:

- **La mujer tiene más capacidad para negociar** sin generar tensiones. Es más flexible y aguda y su mejor intuición le permite adaptarse mejor a las condiciones de quien tiene delante.

- **Su capacidad de sacrificio y entrega es mayor.** Pero esto tiene un inconveniente y es que, tanto en el hogar como en el trabajo, puedes encontrarte con que te lo cargan todo.

- **Los sentidos de las mujeres son más exquisitos:** ven mejor en la oscuridad, su oído es más fino, disfrutan de mayor cantidad de matices olfativos y tienen mejor paladar.

- **Las mujeres tienen mejor memoria visual** y se expresan mejor, están más dotadas para el lenguaje. También tienen más facilidad para aprender idiomas.

- **Su memoria corta** funciona mejor y recuerdan mejor los nombres y las caras.

- **Pueden hacer sin problemas dos tareas** distintas a la vez aunque no estén relacionadas, como hablar y escuchar o leer y escuchar. La mujer tiene un 30 % más de conexiones entre los hemisferios que el hombre y, además, los estrógenos, las hormonas femeninas, impulsan a las células nerviosas a establecer más conexiones entre los dos hemisferios cerebrales.

- **Tienen una mayor intuición,** precisamente porque la conexión entre sus dos hemisferios funciona mejor.

■ **Los hombres pierden tejido cerebral** al triple de velocidad que las mujeres. Como las mayores pérdidas se producen en las zonas responsables de la atención, el efecto secundario es que no se enteran cuando les hablamos, cada año que cumplen son menos capaces de hacer dos cosas a la vez.

■ **Las mujeres son** en general más tolerantes al dolor y más sufridas, pero, sin embargo, los hombres cuando están concentrados en una actividad física o psíquica no lo perciben por lo que aguantan más.

## Virtudes de los hombres y las mujeres

Primero podríamos empezar con las **mujeres**:

■ Las mujeres son apasionadas, amantes y cariñosas.
■ Las mujeres lloran de alegría.
■ Las mujeres siempre hacen algo para demostrar cuánto se preocupan.
■ Nunca se detienen por conseguir lo que creen mejor para sus hijos.
■ Las mujeres tienen la habilidad de sonreír hasta en los peores momentos.
■ Saben cómo transformar una simple comida en un agasajo. Saben estirar al máximo el dinero.
■ Saben cómo reconfortar a un amigo enfermo.
■ Las mujeres traen risas y alegría al mundo.
■ ¡Saben como entretener durante horas a los niños!
■ Son honestas y leales.
■ Las mujeres tienen una voluntad de hierro debajo de una apariencia delicada.
■ Harán lo imposible por ayudar a un amigo en problemas.
■ Las mujeres lloran fácilmente ante las injusticias.
■ Saben cómo hacer sentir al hombre como un rey.
■ Las mujeres hacen del mundo un lugar más feliz.

Ahora, los **hombres**:

■ Los hombres son buenos para mover objetos pesados y matar arañas.

# Tu estabilidad

Para tener estabilidad, debes estar a gusto contigo misma y sentirte segura. Eso sólo lo conseguirás si te conoces bien y pruebas tus límites. Transgrede por sistema tus fronteras.

Tu objetivo es ser capaz de desenvolverte bien en cualquier ambiente y para ello no te queda otra solución que vivir y experimentar. No tengas miedo a hacer el ridículo y no te niegues a nuevas situaciones. Haz un poco de todo: desde ir a patinar o a un japonés y comer con palillos, pasando por la bolera o un *karaoke*, hasta ir a un restaurante carísimo (procura que te inviten).

Tu mejor aliado ante nuevas situaciones es el desparpajo: haz las cosas como si las hubieras hecho siempre y, si te equivocas y tu pareja te lo hace notar —delicadamente, de lo contrario ya puedes enviarle de vuelta a su casa para siempre— confiesa con una gran sonrisa que nunca habías estado en un sitio así o nunca habías comido ese plato.

No mientas sobre lo que has hecho y lo que no, porque se te verá el plumero enseguida. Más vale que si te preguntan, digas la verdad, a no ser que estés segura de que puedes mantener el engaño. Y aun así, si te descubren tienes varias opciones:

1. Dices que has mentido porque te daba vergüenza.
2. Dices que has mentido para ver cuánto tardaba en descubrirlo.
3. Te sigues manteniendo en tus trece, pero de forma que él sepa que reconoces que has mentido.

Nunca te sientas mal y conviertas una mentirijilla en un drama. Y, en todo caso, si se convierte en un drama, que sea uno privado. La dignidad ante todo: antes muerta que perder la vida.

Pero, insisto, ten agilidad mental y movilidad: si haces algo que te deja muy mal siempre puedes convertirlo en un drama y hacer que el chico en cuestión te perdone y hasta se sienta culpable. Seguro que si es tan grave tienes ganas de llorar: pues aprovéchalas y riega de lágrimas tus disculpas.

La primera regla de las chicas malas: todo tiene arreglo en esta vida si sabes explicarlo de forma adecuada.

## Tu fuerza

Resulta que, según las estadísticas, las mujeres somos más fuertes de lo que creemos. Cierto que ellos nos ganan en marcas deportivas y, en muchos casos, en fuerza, pero nosotras tenemos algunos puntos muy fuertes:

De las diez causas más comunes de muerte en el mundo, todas afectan antes a los hombres. Además, las cifras masculinas de infarto, cáncer de pulmón, homicidio, cirrosis y pulmonía doblan a las femeninas. Pero hay una mala noticia relacionada con esto: las mujeres suelen gozar de mejor salud, efectivamente, pero pasados los ochenta años hay dos veces más mujeres que hombres...

Las mujeres empezamos a tener claro lo que queremos, a pesar de que todavía se detecta un cierto conformismo (el 67 % de las mujeres, por ejemplo, se resigna a que sus maridos o novios no las ayuden en casa... sin comentarios). Sin embargo, hay cifras alentadoras como que para las mujeres españolas, de entre 18 y 45 años, tener pareja estable y casarse ocupa el quinto lugar, por debajo de objetivos como hallar un buen trabajo o alcanzar la independencia económica. Además, el 85 % de las mujeres separadas no se vuelve a casar.

Las mujeres leen más, viajan más y asisten a más espectáculos que los hombres. Su interés por la cultura es mayor.

Las mujeres envejecen mejor: una mujer de 55 años conserva el 90 % de la fuerza que tenía a los 25; el hombre sólo el 70 %.

## Tu sexo

Ser *egoísta* en el sexo es la clave del mutuo goce. Y es algo tan sencillo como disfrutar. Si te concentras en tu propio placer, proporcionarás placer, porque éste no está sólo en que te toquen, sino en tocar: siente la carne de él en tus manos y en tus labios, haz que la piel vibre en tus dedos y en tu boca, admírale, piropéale, hazle saber cuáles son sus puntos fuertes... Acaricia tu mano con todo su cuerpo.

Y es que los hombres son sexuales: según esta misma encuesta, el 72 % de ellos asegura que se masturban 3,5 veces por semana, es decir cada dos días.

Sé imaginativa. No hay nada peor que la rutina en el sexo. Pon a prueba tu imaginación para convertirte en su aventura sexual. Según una encuesta realizada en España, entre sus fantasías favoritas están que los cubras de chocolate para comértelos después (31 %), *un menage a trois* (30 %), sexo con una desconocida (16 %), hacerlo en un ascensor (32 %), hacerlo en el cine (26 %); hacerlo sobre la mesa del despacho (32 %)... Los sitios públicos les motivan, no cabe duda.

Una consideración importante: tú eres dueña de tu sexo y nadie puede obligarte a hacer algo que no quieras hacer. Eso está claro pero, además, no debes hacer nada que no te apetezca, simplemente por agradar a tu pareja. Puede que su fantasía favorita sea un *menage a trois*, pero eso no quiere decir que debas dejarte embarcar en uno. A veces puede bastar con que fantaseéis con ello los dos, con todo lujo de detalles... Sin embargo, si ni siquiera te sientes cómoda hablando de ello, entonces olvídalo.

El sexo es juego. No puedes convertirte en una desconocida, pero sí podéis hacer ver que os acabáis de conocer en un bar y escenificar un juego de seducción que os conduzca a una sesión de sexo salvaje, o tumbarte totalmente desnuda en la cama y qué él entre en la habitación, vestido, y sin mediar palabra te empiece a hacer el amor de una forma distinta a como lo hacéis normalmente...

Pero, sobre todo, hay un secreto sexual que jamás debes olvidar: las mujeres que más disfrutan del sexo no son las que esperan un hombre que las haga perder el mundo de vista, sino las que se preparan mentalmente para el sexo. Es decir, aquellas que pueden vivir con anticipación un encuentro, imaginar el cuerpo de su amante o incluso pasarse por la mente su fantasía favorita para prepararse. Si quieres disfrutar del sexo, piensa en él, paladéalo, degústalo, excítate...

Si el consejo para los hombres que van a tener un encuentro sexual es masturbarse antes para no llegar demasiado ansiosos, para las mujeres debería ser excitarse previamente para llegar también preparadas...

Lo primero que deberíamos quitarnos de la cabeza es que el sexo es que un hombre nos envuelva entre sus brazos y el mundo, en un éxtasis místico y lumínico, desaparezca de nuestra vista. Puede que el sexo sea eso, en (pequeña) parte, pero también es esfuerzo, sudor, fuerza, resistencia, roce y, sobre todo, corporeidad y animalidad, lo cual, sabiéndolo es perfecto, ¿no?

# La seducción

Eres una mujer sensual, poderosa, decidida, exigente e independiente y te comportas como tal. No llegarás a nada, sea cual sea tu objetivo, si no te sientes así. Eso tenlo bien claro. Las que van de demasiado sumisas acaban estrellándose, ya lo dice la canción (Golpes Bajos): «No se ama a los sumisos, simplemente se les quiere».

Por otro lado, un amigo mío, muy pragmático él, me lo dejó muy claro: si es un ligue de una noche, no hace falta fingir ni engañar porque, al fin y al cabo, una chica lo conseguirá igual, y si se trata de cazar una pareja, más vale no mentir demasiado porque luego el despertar a la cruda realidad puede ser demoledor.

Bueno, aceptamos que haya chicas impacientes que quieran ya un chico o que tengan un reloj biológico que más que un timbre tiene un tambor o que, a pesar de todo, no pueden renunciar a ese chico que saben que no les conviene en absoluto y no acaba de decidirse... En fin, nadie es perfecto... Para estos casos también hay una frase muy sabia: «En el amor y en la guerra todo vale». Ahora, atente a las (seguramente) graves consecuencias; no quiero parecer moralista, pero lo cierto es que cuanto más se fuerza una situación, más posibilidades hay de que estalle... De todas formas, si vas a apretarle las tuercas, dos consejos que debes grabar a fuego en tu mente:

1. Asegúrate de que jamás descubra tu juego.
2. No confieses *nunca* ninguna de tus triquiñuelas.

Pero chica mala, no te engañes, aunque no debas fingir (casi) nunca ser quien no eres, ni sacrificarte por agradar a los hombres, existen algunos trucos que pueden ayudarte a conseguir tus deseos... Por cierto, una de las claves para seducir es que te lo pases bien cuando apliques estos trucos.

Esta sensual, sugestiva y divertida poesía puede ayudarte a centrar el tema y a crear un ambiente de seducción:

### Consejo de amigo

Sedúcelo. Abrázalo apretado y cántale derecho.
Relata una sensualidad exuberante
y hazle creer que le incumbe su exacto desempeño.
Dile que tus ojeras son memoria del harem
—no tu desvelo, tu edad (menos tu insomnio y sus delirios).
Llévalo a una función de media noche.
Lee con voz ronca tus poemas más cachondos
—como si a él los hubieras dedicado.
Invítalo a tu casa, ve a la suya:
la cercanía de un lecho, de una intimidad ajena
conllevan la tentación de profanarse.
Déjale entrever el festín que se aproxima,
prepara de comer cosas sabrosas.
Haz alianzas con sus ambigüedades
apela a su vanidad. No lo acorrales.
Que crea que te ha conquistado con sus méritos
—no que debe llenar huecos de aguas estancadas
que lo ahoguen o cruzar  territorios encendidos que lo quemen.
Úntate pociones con olores vagos,
inclúyelo en rituales de los cuales se crea destinatario,
rétalo, halágalo, procura la media luz
(a tu edad, siempre más favorable).
Ofrécele una copa, tómate otra.
Habla, hazlo reír —la risa.
Calla también, resulta misteriosa, ten secretos.
Invítalo a lugares que luego vincule a tu recuerdo.
Ahora, como le gusten gordas, te chingaste, hija.

ELISA RAMÍREZ CASTAÑEDA

Este poema, además de dar muchos consejos totalmente aprovechables y muchas ideas, también introduce una idea interesante: en algunos casos, todo puede fallar. No te sientas mal por ello, entonces, el mar está lleno de peces que estarán encantados de que los pesques...

## La atracción

**Rompiendo moldes.** Para empezar, nada de argucias sino algunas verdades sencillas y directas que funcionan. Actualmente los hombres se quejan de que están desorientados y de que no saben qué deben hacer para no hacer el ridículo o que les tilden de machitos.

Ellos piden que les demos pistas, que demostremos interés y que enviemos mensajes claros. Bueno, puede que sean algo ceporros porque con eso de mirarles fijamente y sonreír o poner cada pícara deberían sentirse aludidos. Si tanto te interesa un hombre y no da signos de darse por enterado, pregúntale algo, dirígete a él.

Olvídate del «¿estudias o trabajas?» evidentemente, pero usa algunos truquillos de toda la vida como pedirle un cigarrillo, pedirle fuego, preguntarle por algún concierto o local (si sabes que está metido en ese tipo de temas), pedirle su opinión sobre un libro o una película... Estas últimas entradas tienen la ventaja, además, de que te dan temas de conversación.

Lo ideal sería que él inmediatamente se motivara por la conversación, pero puede ser que no sea así, de todas formas, todavía hay remedio, busca un nuevo tema o vete derecha al capítulo dedicado a los ligues.

Si ya lo conoces, tendrás información de primera mano sobre sus gustos, sus aficiones y su carácter y seguramente ya podrás saber si realmente te gusta. Una mala noticia: algunos estudios han demostrado que la naturaleza de la relación se decide a los cuatro minutos de conocerse. Según esto, si no consigues una mirada de admiración suya en ese tiempo, lo tienes francamente mal... La buena noticia es que no es exactamente así y que puedes captar su atención posteriormente, aunque te resultará más difícil.

Un consejo: no te dejes encandilar por un físico. Estamos programados para pensar que los individuos guapos son más atractivos y tienen más cualidades que los *feos*.

Piensa en tus quince años, seguro que te enamorabas de un chico simplemente porque era guapo y, sin ni siquiera hablar con él, le atribuías una serie de cualidades, como ser dulce, atento y romántico, que no podías saber si tenía o no. No caigas en la misma trampa.

**Errar el blanco.** Una amiga mía estaba loca por los hombres tipo Madelman y siempre se quejaba de que eran inconstantes y superficiales y que la hacían sufrir. Bueno, entre nosotras, quizá la razón sea que los individuos escandalosamente guapos estén tan acostumbrados a brillar, que no valoren. Para nuestra desgracia, las guapas no son siempre tontas, pero esto no quiere decir que no sean unas creídas y en el caso de ellos, igual. No todos los guapos son creídos, pero seguro que si se hiciera una estadística, habría un mayor número de egoístas y egocéntricos entre ellos, ¿no? Por otro lado, mi amiga seguía cometiendo el error de los quince años y los escogía sólo por su físico y luego se quejaba amargamente de que no eran atentos, emprendedores, divertidos, cariñosos y entregados.

Esto nos lleva a una consideración importante: si siempre te quejas de que tus chicos son demasiado egoístas o demasiado lerdos o demasiado pazguatos o demasiado celosos es porque te estás fijando reiteradamente en chicos que, desde luego, no te convienen.

Es como el diálogo de Groucho Marx: «Estaba con esa mujer porque me recuerda a usted... sus ojos, su cara, su risa... todo me recuerda a usted... excepto usted» (*Una noche en la Ópera*). Pues estas mujeres que erran el tiro están con un hombre del que les gusta todo menos él. Se ve que es un síndrome muy extendido porque hay una canción de Joan Manel Serrat sobre el tema: «Me gusta todo de ti: /tus ojos de fiera en celo, /el filo de tu nariz, el resplandor de tu pelo (...) Me gusta todo de ti. /Eres tan linda por fuera /que a retales yo quisiera /llevarte puesta de adorno. /Me gusta todo de ti, pero tú no. /Tú no».

Y otra clave: si te preguntas si has acertado, seguramente la respuesta será *no*. También estarás errando si te descubres a ti misma intentando convencer a todos de lo maravilloso que es tu chico.

Por otro lado, aunque él sea *el hombre de tu vida* (o uno de ellos) vuestra relación no será siempre igual, se producirán altos y bajos y tendréis buenos y malos momentos. Además, aunque por culpa de las películas pensamos que el amor es algo atormentado, lo cierto es que una relación te debería hacer feliz en un alto porcentaje (¿Ponemos un 80 %? Siempre y cuando el otro 20 % no sea de desesperación total, claro).

### Me gusta todo de ti (pero tú no)

*Me gusta todo de ti:*
*tus ojos de fiera en celo,*
*el filo de tu nariz,*
*el resplandor de tu pelo.*

*Me gusta todo de ti.*

*Me gusta todo de ti:*
*la luna de tu sonrisa*
*de gato de Chesire*
*colgada de la cornisa.*

*El colágeno y la miel*
*de tus labios perfilados,*
*tus pómulos afilados,*
*los modales de tu piel.*

*Me gusta todo de ti,*
*pero tú no.*
*Tú no.*

*Me gusta todo de ti:*
*tu ombligo menudo y chato*
*tu talle de maniquí,*
*el lunar de tu omoplato.*

*Me gusta todo de ti.*

*Me gusta todo de ti:*
*tus pezones como lilas*
*tu alcancía carmesí*
*tus ingles y tus axilas.*

*Todo esconde un «no se qué»*
*de los pies a la cabeza.*
*Me gustas, pero por piezas;*
*te quiero, pero a pedazos.*

*Me gusta todo de ti,*
*pero tú no.*
*Tú no.*

*Me gusta todo de ti.*
*Por eso, muchacha guapa,*
*me diste la lengua y*
*me la planté en la solapa.*

*Me gusta todo de ti.*

*Rescaté tu corazón*
*del cubo de la basura*

*para hacerme un medallón*
*de bisutería pura.*

*Me gusta todo de ti.*
*Eres tan linda por fuera*
*que a retales yo quisiera*
*llevarte puesta de adorno.*

*Me gusta todo de ti,*
*pero tú no.*
*Tú no.*

JOAN MANEL SERRAT

**Atractivos eclécticos.** El hablar de belleza nos lleva a otro punto: hay muchas formas de ser guapo/a y atractivo o seductor. Encuentra la tuya. Muchas veces no tienen más éxito las mujeres con rasgos más regulares y cuerpos más atómicos, sino aquellas que proyectan una fuerte personalidad. Si les consultamos a ellos reconocen que, en el fondo, están totalmente de acuerdo. Lo que sigue es información privilegiada y de primera mano. Ellos nos hablan de las seductoras, mujeres que parecen dejar una estela detrás de ellas, que brillan con luz propia y que tienen un terrible éxito entre los hombres. No todas podemos ser seductoras y el propósito de este libro no es ese, pero sí podemos aprender de ellas algunos procedimientos útiles que bien administrados nos llevarán al éxito.

## El concepto de «Fenómena»

Manolo, un amigo mío, me comentaba que a cierta edad los hombres prefieren a mujeres que no caben en el arquetipo de *mujercita*. Para ilustrar sus opiniones, mi amigo recurre al concepto de «Fenómena», inventado por un amigo suyo, que define a una mujer especial «que seduce de forma natural». El texto completo no tiene desperdicio y puedes aprender mucho:

*«La Fenómena es una chica que hace cosas que no se esperan, por ejemplo, si se organiza un sarao en una habitación de hotel, ella no sólo acepta, sino que lleva la Coca cola o una botella de güisqui y/o trae a una amiga.*

*»La Fenómena hace las cosas que deben ser hechas. Si hay que follar en el campo, se folla en el campo, por lo tanto una Fenómena no puede ser demasiado pija; si hay que ir al teatro y vestirse de largo, la Fenómena lo hace, en su estilo; por lo tanto, no puede ser demasiado hippy o antisocial.*

*»La Fenómena es un sueño para todo hombre porque siendo natural, siendo ella misma y sin dejar de ser mujer se atreve con cosas, como por ejemplo, entrar en un bar lleno de chicos o, por ejemplo, romperse la falda en medio de la semana santa para andar mejor o quitarse los zapatos porque le molestan. Es una persona que tiene pocas ataduras mentales y por tanto hace a veces cosas que sus semejantes no (incluyendo hombres y mujeres). Por eso preferimos el nombre Fenómena al de seductora, porque la Fenómena y el Fenómeno son gente especial que no van con modas, que no comulgan con cualquier cosa, que son tolerantes, que se toman su espacio de libertad sin necesidad de ir molestando a nadie.*

*»La Fenómena no se maquilla en exceso, pero si un día le apetece lo hace. No se compra ropa cara, pero si tiene oportunidad y ganas sí la compra.*

*»La Fenómena hace lo que debe de acuerdo con sus principios, por ejemplo bebe si le apetece y luego si no quiere no bebe, lo mismo con fumar y con todo. No se deja guiar por modas o por anuncios o por lo que le diga su vecina/o; la Fenómena es libre, pero no es una niñata porque piensa y hace las cosas intentando no molestar.*

Eso es una mujer segura de sí misma y, como te decía en la introducción del libro, que sabe salirse de los moldes y seguir su propio camino. No todas podemos ser Fenómenas, pero sí podemos librarnos de muchas manías, miedos y límites. Aprende a disfrutar nuevas cosas y déjate llevar por la curiosidad.

**Casos de Fenómenas.** Manolo contaba que su amigo y él sólo habían conocido cuatro Fenómenas en su vida. La primera la descubrieron en el chalet de un amigo; era la novia de un amigo del hermano de éste. Se tenían que quedar a dormir y, como eran muchos, hubo que poner colchones en el suelo. A esta pareja les tocó un colchón en medio del salón. El chico estaba muy preocupado por la falta de intimidad y porque no iban a estar cómodos e intentó convencer a algunos amigos suyos para que dejaran que al menos ella durmiera en una habitación. Ella le contestó que se dejara de cuentos, que ahí iban a estar muy bien y que *si no se duerme no pasa nada*. Al día siguiente los encontraron en el saloncito; ella dormía tan ricamente medio en bolas. El amigo de Manolo exclamó: «¡Qué fenómena!» y ahí nació el mito.

La segunda Fenómena apareció en Madrid, cuando Manolo y su amigo se encontraban de viaje. Dos chicas les habían dejado plantados cuando apareció otra chica con mucho desparpajo. Invitaron a ella y a su amiga —una chica guapísima, de revista— a una fiesta a su habitación, pensando que no vendrían ni por casualidad. «No sólo llegaron sino que trajeron más gente, y la Coca cola; todo eso sin problemas por pensar que nosotros podríamos tomarlo como una rendición sin condiciones; en vez de eso continuamos la conversación exactamente igual que antes, de forma natural».

La tercera Fenómena se dieron cuenta de que la tenían delante. Era la mujer del amigo de Manolo. Cuando le explicaron el concepto dijo que a ella le parecía que una Fenómena era una chica *todo terreno*. Comparando sus notas los dos amigos se dieron cuenta de que encajaba en el perfil y de que *hay fenómenas que no deslumbran mucho pero que también lo son*.

¿Y la cuarta? Según Manolo, la cuarta soy yo: la que escribe este libro (sonrisa maliciosa). ¿Quieres seguir mis consejos para convertirte en una seductora?

## Otras seductoras

«He notado que una Fenómena es siempre una seductora y que las seductoras tienden a ser fenómenas, aunque por supuesto el ser fenómeno no está ligado únicamente con la seducción, sino que también puede servir para campos más amplios», apostilla Manolo.

Existen otros tipos de seductoras que, precisamente tienen éxito con hombres que se escaparían siempre de las garras de las Fenómenas. Aunque en este libro propongo básicamente un acercamiento a la forma de actuar de las primeras, de las otras seductoras podemos aprender mucho.

**Las damas de hielo.** El ejemplo más evidente son las frías bellezas rubias de Alfred Hitchcock, especialmente Grace Kelly y Tippi Hedren. Los hombres sueñan con derretir a estas mujeres en apariencia frías e inconmovibles y son capaces de cualquier locura por ellas. No son tan frías como aparentan y, cuando los hombres descubren esto, puede ser que ya estén irremediablemente perdidos.

Es imposible imitarlas, como al resto de seductoras, pero sí se puede coger al vuelo y explotar alguna de sus miradas gélidas, reservada especialmente para momentos en los que el hombre en cuestión se sienta en inferioridad de condiciones.

La dama de hielo se deja querer y nunca muestra interés. No te aconsejo que te comportes así, pero aprende de ellas y ve siempre un paso por detrás en la relación, que sea él quien se acelere y quien te eche de menos. ¿Un buen consejo para lograrlo? Despídete siempre en un punto alto de vuestra cita.

De ellas podemos aprender a mostrarnos distantes en ocasiones. No hagas nunca reproches a tu pareja o proyecto de pareja, simplemente muéstrate distante con él cuando haya hecho algo que no te gusta... Funcionará. No olvides sonreír pero que tu sonrisa en lugar de ser abierta, simpática o acogedora, como tienes por costumbre, sea gélida. Sonríe y asegura con tono (algo) helado: «No importa, de verdad». Él captará el mensaje y se apresurará a complacerte más rápido que si le pegas una bronca monumental.

**Las reinas.** Suelen ser mujeres de alto poder adquisitivo, bien vestidas y con litros y litros de seguridad en sí mismas. Pueden ser mujeres de negocios con éxito, chicas de buena familia —aunque éstas pueden caer fácilmente en un descorazonador pijerío— o directamente ricachonas con una indecente (y suculenta) cantidad de dinero en el banco.

Su mejor baza es ese desprecio aristocrático por los demás. Saben que todos deben servirlas y estar locos por ellas. Lo dan por hecho. Y así suele suceder.

Ellas son los árbitros del buen gusto y de lo que está de moda y lo que no. Aunque no sean mujeres famosas crean expectación en sus círculos, y otras mujeres suelen imitarlas.

No intentes nunca ser una de ellas porque caerás en una trampa: la de ser una quiero y no puedo. Su seducción se basa en su perfecto vestuario y en una gran despreocupación por el dinero. Sí, son esas capaces de dejar tirado en el suelo un carísimo bolso de Louis Buitton o de Hermes. De ellas puedes aprender algo fundamental: la idea de que *tú también* te lo mereces todo. Nada es poco para ti, créeme.

**Las falsas altivas orgullosas.** Son reinas poco adaptadas a su medio que desean algo más que ni ellas mismas saben qué. Viven en la contradicción. Por un lado quizá hayan seducido y tengan bien atados a refinados hombres de negocios con dinero o a hombres con una amplia cultura y puede que, por seguir destacando, sigan seduciendo a hombres cultos y de mundo, pero su verdadera pasión —nunca confesada— son los tipos duros con camiseta sudada.

Para muestra un botón: algunas de ellas se quejan, falsamente escandalizadas, del acoso de algunos individuos, pero en el fondo están encantadas. Tienden a reprimir sus gustos porque saben que son peligrosos.

Internet puede ser un buen medio para ellas porque les permite vivir emociones sin peligro. Se confiesan románticas, pero, paradójicamente, siempre acaban dando con las webs de mayor contenido erótico. Misteriosamente, aunque se muestran escandalizadas... las tienen guardadas en «favoritos». ¿Será que en el fondo su fantasía más profunda es dar con un hombre de modales rudos que las haga suyas y les quite *a polvos* sus aires de altivez e indiferencia? Mientras tanto, se consuelan seduciendo a todos los hombres que se encuentran a su paso. ¿Sus armas? Sus posibilidades económicas, su pasión por las fiestas y los viajes, el mucho mundo que han visto, su superficialidad, su dulzura y un turbador lado oscuro que aunque nunca acaba de manifestarse hace enloquecer a los hombres por su potencial. Dejan en su camino un reguero de corazones rotos.

Son omnívoras, de ellas quizá podríamos aprender a no ser tan exigentes en determinados momentos. ¿Por qué no recurrir a un hombre de transición? ¿Y qué tal intentar su receta de superficialidad, dulzura y lado oscuro? Por no hablar de su facilidad para olvidar a un hombre y pasar a otro... No te pido que seas una rompecorazones, pero sí que aprendas de ellas y no te quedes atrapada en historias que no te convienen.

**Las niñas pequeñas.** Son artistas en el arte de manipular. Son las niñas eternas y su encanto dura mientras fruncen los labios a voluntad y no se les queda el rictus marcado permanentemente. Caprichosas y descontentas vuelven locos a los hombres que intentan complacerlas.

Suelen ser guapas o, en su defecto, pizpiretas... Especial atención a las pelirrojas naturales (color zanahoria fresca), que forman un subgrupo muy interesante.

Son expertas en quejarse y, aunque suelen poner de los nervios a sus conocidos o a muchas mujeres, especialmente a las otras seductoras, llevan a sus hombres en un puño y ellos, inexplicablemente, están encantados. Las más hábiles consiguen que les hagan caso e intenten complacerlas hasta sus conocidos, que aunque lo hacen a regañadientes... lo hacen.

De ellas podemos aprender todo tipo de mohines, especialmente los de enfado, que suelen quedar monos. También podemos aprender a quejarnos. No se trata de ser un saco de lamentaciones como ellas, pero sí de aprender a expresar el desagrado.

Por otro lado, las niñas pequeñas también tienen aspecto de Lolitas y remueven los más bajos y feroces instintos de los hombres. Ellas, que lo saben, se lo cobran todo a precio de oro. Son maestras en picardías: obsérvalas con atención y toma nota de algunos de sus gestos.

**Las indefensas.** Hay varios tipos, desde las bajitas que explotan su pequeñez y provocan que todo el mundo, incluida tú que mides sólo cinco centímetros más que ellas, les toquen la cabeza con cariño, hasta la muchacha despistada que va siempre perdida por el mundo o la desvalida integral que parece que no sabe hacer nada por sí misma.

Tocan una fibra sensible en el hombre: su *absoluta necesidad* de sentirse necesario, más en una época en la que hay gran cantidad de mujeres independientes que no parecen necesitarlos.

De un estilo parecido son las tradicionales, que buscan una pareja sin preocupaciones pero no se pueden catalogar de seductoras porque concentran todos sus esfuerzos en una sola pieza y no suelen tener un encanto especial para el resto de mortales.

De las indefensas podemos aprender eso: la indefensión, y usarla doblemente en nuestro provecho: a) Para que ellos se sientan más vinculados a nosotras. b) Para que nos hagan trabajos (de todo tipo...) que a nosotras nos molesta hacer.

**Las reinas del Hiper.** En el fondo, sobre todo si son algo sumisas, todos los hombres sueñan con ellas. Todo les parece poco para complacerles y también son el sueño de las suegras y del resto de la familia de él que, si puede, también les pide favores. Es *doña Perfecta*: buena amiga, buena esposa, buena madre, buena administradora, buena nuera, buena ama de casa, buena compradora, buena... hasta que parece tonta. Puede vivir unos años de felicidad cuando los niños son pequeños, pero si renuncia a su trabajo o nunca ha querido trabajar, cuando los hijos se hacen mayores se desorienta. De hecho, esta seductora es una seductora pasiva. No llama especialmente la atención, pero parece tan segura de lo que hace y de lo que quiere (una familia feliz) que muchos la envidian.

Como estas mujeres se están acabando en el mundo occidental, en países como Alemania (donde el movimiento de independencia de la mujer está más desarrollado que aquí), los hombres no pueden soportar las exigencias de sus compatriotas y se buscan mujeres del tercer mundo.

**Las *punkis* o alternativas.** Su pelo es una mezcolanza de colores y llevan puesta ropa, preferiblemente de segunda mano, colorista, divertida y preciosamente desconjuntada. También acuden a tiendas vanguardistas y lo mezclan todo con desparpajo y una elegancia particular. La mayoría de las veces consiguen estar turbadoramente sexys. Son alegres, divertidas, están algo locas, no tienen manías y tienen muchos temas de conversación desde la globalización hasta el último libro de Paul Auster.

Hace años eran *hippies*, luego fueron *punkies* y ahora son mujeres alternativas antiglobalización. Están metidas en movimientos contraculturales.

No atienden a modas y cogen de cada tribu urbana lo que les gusta. De ellas podríamos aprender esa alegría inconsciente y ese eclecticismo desclasado y provocador.

## Algunos trucos maestros de seducción

Sonará a verdad de Perogrullo, pero a veces lo más evidente es lo que pasamos por alto. Si quieres seducir, escoge bien tu objetivo. Me explico: las seductoras, por definición, pueden seducir a muchos chicos, pero no todos les convienen. Imagina por ejemplo una niña pequeña que consigue el objetivo natural de una Fenómena, al principio la relación será divertida y el chico estará encantado de tantas zalamerías y travesuras e incluso morritos, pero acabará *harto* de ella. O por el contrario, imagina que una Fenómena busca el equilibrio en un chico hogareño y tradicional, objetivo natural de una hacendosa; él estará al principio maravillado de la vitalidad y curiosidad de ella, pero después también acabará hasta las mismísimas (narices) de su independencia y le exigirá que le planche las camisas, le haga comiditas y olvide sus inquietudes culturales.

Por lo tanto, escoge el objetivo según tus necesidades y, también, según tus posibilidades. Hecha esta pequeña introducción, pasemos a algunos detalles que son siempre útiles.

Olvídate de los manuales que te aconsejan jugar con tu pelo para coquetear con él o poner cara de niña traviesa... Unos cuantos gestos seductores bien administrados pueden estar bien, siempre y cuando sean propios: si tienes cuello bonito puedes recogerte la melena un poco y dejarlo al descubierto, si tienes una larga cabellera puedes reírte inclinándote hacia él y, si es rizada o tiene volumen, alborotarla con los dedos. Si tienes largas piernas, sin duda debes enseñarlas y cruzarlas para mostrarle un buen escorzo y si tienes buenos pechos, luce escote con alegría y sin darle importancia. Toca siempre levemente a tu seducido; no puede ser nada demasiado evidente, simplemente pequeños toques de atención como cogerle de la mano cuando quieres que te acompañe a algún sitio, apoyarte suavemente en su hombro para cuchichearle algo, cogerle del brazo para que te preste atención, agarrarle la cintura para apartarle cuando estorba el paso, darle un susto y cogerle los hombros por detrás, hundirle delicadamente un dedo en los abdominales o pasarle la mano por la cabeza en un gesto simpático. De paso, aprovecha para comprobar de forma táctil el estado del material...

La medida justa en todos estos gestos es el comedimiento, si exageras el movimiento o lo haces muy a menudo, lo único que conseguirás es que parezca un molesto tic. No sé por qué se me viene a la mente una famosa, tratante habitual con las revistas de cotilleo, y su enojoso y cargante gesto de echarse el pelo hacia atrás a dos manos...

**Envuelve a tu presa.** Es importante hacer ver a tu pieza que te interesa, pero tampoco puedes hacerlo de un modo demasiado explícito. Para encandilar a alguien es importante hablar y crear un buen clima, pero también saber escuchar.

Habla con sentido del humor, sobre temas triviales o divertidos y, sobre todo, no ofrezcas ningún monográfico sobre tu persona. Interésate por los gustos y las vivencias de tu seducido, pregúntale, comenta algunos de los puntos que proponga (sin intentar imponer tu opinión o dar consejitos), hazle saber cuáles son vuestros puntos de contacto y sobre todo, ríe. Sé su cómplice, si cuando te cuenta una anécdota o una metedura de pata tú le haces saber que te ocurrió algo parecido o cuando te confía algo, le haces ver que le entiendes, la corriente de simpatía entre los dos crecerá y crecerá.

La risa es tu mejor arma: hazle reír, bromea, cuenta anécdotas divertidas y ¿por qué no? ríete de ti misma.

Usa la ley de la contradicción: Haz creer a un hombre lanzado que has sido tú quien ha iniciado el acercamiento, aunque no sea estrictamente verdad, y a un hombre tímido que ha sido él quien te ha conquistado. Un poco más a lo bestia hay un viejo consejo que siempre ha dado resultado; Jardiel Poncela aseguraba que sus mejores éxitos los había conseguido cuando enviaba a las putas las cartas de las marquesas y a las marquesas las cartas de las putas. Explota este sano espíritu de contradicción para sorprenderle.

Haz algunas cosas que él no espere, como por ejemplo dejarle una nota dentro de un libro en una librería y pedirle que vaya y lo abra por la página que tú le indiques. Esta picardía sólo sirve si él es aficionado a la lectura. Otros detalles pueden ser regalarle inesperadamente algo que él desea desde hace tiempo o ponerte una prenda de ropa que él encuentra especialmente favorecedora... Son gestos que facilitan la complicidad, pero no te excedas. Un amigo mío comentaba que salía con una chica que cuando él comentaba que no tenía ningún jersey blanco, por decir algo, corría a comprarle uno y se lo regalaba al día siguiente. Lo mismo ocurría si él veía un jersey negro, un pañuelo rojo, un encendedor de plata, una corbata de seda... Es un error, nunca debes mostrarte *tan* deseosa de agradar.

No todos los hombres son iguales, por mucho que se empeñen los libros de autoayuda. Tu mejor baza debe ser conocerle y decidir si realmente vale la pena intentar la caza.


**Cuestión de confianza.** Evidentemente, no puedes empezar contándole tu vida a un hombre; seguro que hay temas que no puedes soltarle de buenas a primeras sin apabullarle. No confundas la sinceridad con la transparencia. Ser sincera no significa, en ningún caso, contarlo todo, sino dar tu opinión sobre los temas que vayan saliendo e ir abriéndote poco a poco.

En todo caso, tú decides qué quieres contar y qué no y ten en cuenta una cosa: todos sin excepción tenemos derecho a tener nuestra pequeña parcelita íntima, o nuestro gran latifundio privado, dependiendo del caso.

En el fondo a lo que aspiramos todas (y todos) es que nuestra pareja sea nuestro mejor amiga/o, pero eso sólo se logra trabajando mucho en temas como la comprensión, la tolerancia y el tiempo: no debes ser nunca impaciente y no contar algo hasta que estés segura de que vuestro vínculo es suficientemente fuerte y él está preparado para compartirlo. Insisto: aun en las relaciones más abiertas y sinceras no es necesario (ni recomendable) contarlo todo.

Esto nos lleva a otra reflexión. Si nuestra pareja es tan importante, ¿por qué somos más comprensivos y tolerantes con nuestros amigos que con ella?

Si lo que quieres es conseguir resultados rápidos con un hombre, entonces... miente o disfraza la realidad; pero nunca te descubras ni confieses, por muy mal que lo veas o por muy acorralada que estés. Algunos temas sobre los que te conviene callar son: tus problemas económicos, tus dificultades con los hombres, la cantidad de novios que has tenido, tus cargas familiares... Algunos de ellos ya irán saliendo a medida que la relación evolucione y, otros, si lo que quieres es asegurarte la pieza sea como sea, es mejor que calles para siempre.

Vivimos en una sociedad machista y muchos hombres no están preparados para descubrir que su compañera no es una criatura inocente o ha tenido más de tres novios o, peor aún (según sus parámetros) ha tenido una tórrida vida sexual... La (terrible) realidad es que ellos quieren que tengas la experiencia de una diosa del sexo pero por ciencia infusa, sin que haya habido antes nadie más que ellos. Ya lo dice la célebre frase: «Los hombres quieren ser el primer amor de una mujer, mientras que las mujeres quieren ser el último amor de un hombre».

Tú decides qué das y qué entregas en este juego. Cuanto más engañes, más alto será el precio personal que deberás pagar; si tanto callas puede que él piense que eres una persona diferente a la que eres y puede que al final te estalle todo en la cara. Una amiga, Eva, dice que su truco infalible para ligarse a un hombre es asumir el rol de la mujer que él desea. Sin embargo, al cabo de un año suele aburrirse de sus conquistas porque está harta de mantener el papel que ella misma se ha asignado.

Otra amiga, Alba, no está dispuesta a vivir con ningún hombre. Es una soltera convencida, con un trabajo que le da para vivir y mucha independencia. Alba tiene éxito con los hombres pero, invariablemente, sus relaciones se rompen porque ellos quieren más... Su particular solución pasa por salir con hombres casados que, como ella, no están dispuestos a comprometerse. Recuerda lo que te dije al principio del libro, no hay soluciones moralmente buenas o malas, sólo chicas traviesas que buscan obtener la mejor tajada y vivir su vida con libertad. El precio de Alba es que a veces se siente más sola de lo que quisiera, sobre todo algunas noches o algún fin de semana largo que su amor no puede escaparse para estar con ella.. De todas formas, estos hombres, por razones evidentes, no le plantean los mismos problemas que sus novios formales que acaban sintiéndose desplazados. Si Alba, como una gran cantidad de mujeres, ha optado por esta vía es porque está convencida de que la convivencia mata el amor y no está dispuesta a soportar las pequeñas mezquindades de cada día como quién pone la lavadora, quién friega los platos, los comentarios sobre lo caro que está todo o la lucha por el control del mando de la televisión.

## Algunos trucos algo burdos

Desde luego, hay actitudes en ellos que son bochornosas como el chico que le ruega a una chica que acaba de conocer en una discoteca: «Ven conmigo, a ti que te cuesta...». Bueno, pues toda una vida, muchacho, que no soy una ONG.

Pero, tradicionalmente, a nosotras nos han recomendado que adoptemos una serie de roles que nos pueden hacer parecer una caricatura. Ahí van unas cuantas técnicas que no deberíamos usar (al menos en principio). La seducción, insisto, depende de qué quieras conseguir. Algunas de estas habilidades (como el método ¡Dios qué hombre!, la técnica de la princesa en apuros o la técnica de la camaleónica) pueden ser ideales para conseguir resultados rápidos, siempre y cuando tengas claro que tu relación tendrá fecha de caducidad. No obstante, bien pensado... ¿hay alguna relación que no se acabe? Quizá el truco está en conseguir la suficiente sabiduría y serenidad para identificar cuándo una relación va mal y la suficiente fuerza y empuje para dejarla y pasar a otra cosa.

**Técnica ¡Dios qué hombre!** Bueno, a pesar de todo funciona... en pequeñas dosis. Halágalo un poco y verás como se ahueca de gusto y puedes hacer con él (casi) todo lo que quieres. De todas formas, es un error fundamentar la seducción exclusivamente en esta técnica porque te muestras demasiado dependiente y poca cosa, y le estás dando la excusa perfecta para intentar dirigir tu vida.

Esta técnica se fundamenta en abrir muchos los ojos y lanzar grititos de sorpresa por su fuerza, su inteligencia, su habilidad o cualquier otra cosa de la que él se pueda sentir orgulloso. Además, debes beber sus palabras, reír todos sus chistes y ocurrencias y hacerle ver que él es lo mejor que te ha pasado en tu vida.

---

**Ventajas:** Caerá a tus pies.
**Desventajas:** Creerá que eres una descerebrada y acabará tratándote como una inútil.

---

## El punto **medio**

- Ríete con sus chistes, pero alguna vez clávale una puya sobre alguno de ellos.
- Pícale un poco, que no sienta que eres su rendida e incondicional admiradora.
- Halágale sólo lo justo y siempre que lo merezca. Entonces se esforzará más para complacerte.
- Cuando le alabes, bajo ningún concepto pongas un pero. Reserva los peros para cuando tengas alguna queja o quieras exprimirle un poco más.

**Técnica de la mamá.** De hecho es la técnica opuesta a la anterior. Tú cocinas para él sabrosos guisos, le escuchas siempre, compras su ropa, eres su más desinteresada admiradora y no le juzgas. Eres indulgente con él y lo envuelves en tu halo protector. No se tiene que preocupar de nada.

> **Ventajas:** La dependencia está asegurada. La relación durará lo que quieras que dure. Está tan protegido y tan cómodo que difícilmente dará un salto hacia otro lado. A no ser que se cruce en su camino una jovencita despampanante que le dé toneladas de aventura y emoción y se descarríe.
> **Desventajas:** Serás tú siempre quien tenga que decidir todo y le darás una excusa perfecta para delegar en ti, ¡pobre! ¡Es tan indefenso, tan torpe, tan inseguro! Siempre estarás sola ante el peligro y difícilmente podrás compartir con él tus inquietudes y tus problemas. Te espera la soledad.

## El punto **medio**

> Hazle sentir seguro y comprendido, pero háblale de tus preocupaciones; que se establezca una corriente de simpatía y empatía hacia los dos lados.

**Técnica de la princesa en apuros.** Toda la estrategia se basa en dejarle claro que necesitas ayuda y que sin él no puedes desenvolverte. Las princesitas piden que las auxilien constantemente y alaban a sus hombres con grandes demostraciones de admiración y cariño. Nunca olvidan decir que sin sus hombres no son nada y preguntan de vez en cuando alguna tontería del calibre de: ¿cómo se da la vuelta al disco compacto? Las princesas en apuros son tan inocentes, tan tiernas, tan pizpiretas, tan surrealistas y tan cándidas que hacen reír y parece que sean un personaje... Y lo son, todo en ellas está estudiado.

**Ventajas:** si lo atrapas entre tus redes será un incondicional tuyo y podrás conseguir de él todo lo que quieras (casi). Si además le pides que te enseñe, él se sentirá en la gloria y aunque nunca aprendas (de hecho, no tienes ningún interés en hacerlo), estará encantado de hacer las cosas por ti ya que se sentirá muy importante y fuerte: «Mi niña es tan torpe con estas cosas, pobrecita», dirá con inmensa ternura mientras lucha por montar una complicadísima estantería o arreglar el desagüe, cubierto de sudor y de vete a saber qué horribles sustancias, y te ahorra unas pelillas.

**Desventajas:** estarás condenada a ser una niña inocente eternamente. El *casi* del otro apartado se refiere a que nunca conseguirás que te conozca y te acepte por ti misma. Por otro lado, debes tener en cuenta que a los cincuenta años los vestidos de niña (con canesú o sin él) pueden quedarte bastante cómicos. Bueno, a Baby Jane tampoco le fue tan mal, ¿o sí? Otro punto negativo es que se te puede ir la mano y puedes parecer una descerebrada total.

## El punto **medio**

La gama de mohines que puedes explorar es prácticamente inagotable. Esa es tu mejor baza y tu punto más divertido si optas por esta técnica. Por otro lado, si te dosificas convenientemente y encuentras un mirlo blanco lo suficientemente inseguro y sabes como pintar su ego de color oro, tendrás la vida resuelta... Eso sí, procura que su Visa haga juego con el color con el que vas a decorar su ego.

**Técnica de la camaleónica.** Son esas mujeres que son capaces de convertirse en cualquier cosa o dedicarse a cualquier actividad por sus hombres. Para conseguir sus objetivos, asumen el rol de la mujer que ellos quieren. Son capaces de aparcar su personalidad para encandilarles y lo consiguen... Al fin y al cabo, son el sueño de los hombres que escogen, ya que ellas mismas se han encargado de que así sea...

**Ventajas:** todo parece ir de maravilla, comparten las mismas aficiones, los mismos intereses (la camaleónica se ha informado previamente preguntando hábilmente aquí y allá y se ha asegurado de que sea así...) y parecen la pareja perfecta.

**Desventajas:** el tremendo desgaste físico y emocional que esto supone. Además, cuando la relación se alarga ella ya no encontrará alicientes, sobre todo si las aficiones de él no tienen nada que ver con sus gustos... Entonces puede ser que ella se vaya mostrando poco a poco y, desde luego, él no entenderá nada. El precio de una relación camaleónica es el hartazgo y la soledad... Las camaleónicas no pueden contrariar a sus víctimas, ni contradecirlas, ni mostrar su verdadera personalidad a riesgo de romper el encanto.

Sin embargo, esta modalidad puede ser ideal para relaciones muy cortas e intensas y para explorar nuevas facetas de una misma. Una camaleónica entregada y entusiasta, además, sabrá de todo y lo habrá probado todo: senderismo, *puenting*, alta cocina francesa, carpintería, alpinismo, *rallys*, pilotaje de aviones, fútbol, aeromodelismo, cine, filatelia, arte, adiestramiento de perros, bicicleta de montaña, juegos de rol... Dependiendo de las aficiones de sus novios... Desde luego no hay sitio para el aburrimiento, pero hay que tener claro que hay que desaparecer pronto y pasar a otra cosa.

## El punto **medio**

De ellas podríamos aprender que tampoco está tan mal ceder y acompañarle a algunas de sus actividades favoritas. El truco está en conseguir la suficiente flexibilidad mental como para pasártelo bien con las cosas más diversas y acompañarle alguna vez en sus actividades favoritas.

Una camaleónica cerebral puede además conseguir un bagaje cultural y social importante: basta con que sepa escoger las aficiones de sus novios. Además, entre tanto ligue y tanta afición, puede ser que descubra la pasión de su vida, ya sea por un novio o por una afición.

**Técnica de la imprescindible.** Directamente fagocita a su presa y la asimila a su ambiente. Hay dos modalidades: la chica que se convierte en la mejor amiga del grupo o de los amigos de su novio o la que le lleva a su ambiente y su terreno y consigue aislarlo de su entorno. En todos los casos, parecen uña y carne, según los más compasivos, y culo y mierda según los pobres afectados que no pueden extraer a la chica de la chepa de su amigo.

**Ventajas:** tendrás compañía las 24 horas del día.

**Desventajas:** la imprescindible debe escoger muy bien a su presa y seguir unas técnicas de doma progresivas. Por otro lado, si ha sido ella la que abandonó a sus amigos, puede llegar a sentirse muy sola y, si por el contrario, es él quien deja a sus colegas, puede llegar a sentirse demasiado acompañada... Ya que él no la dejará ir sola ni a la vuelta de la esquina.

Si, por lo que sea, rompe con su pareja, la división de amigos puede ser complicada ya que ellos casi no recuerdan que primero fueron amigos de ella. Y si es ella la que se ha acoplado al círculo de él, todavía será peor porque entonces ni siquiera podrá ir a sus bares habituales a riesgo de encontrarse con cualquiera. Realmente, la de la imprescindible es la peor de estas técnicas con diferencia porque tiende a convertir en dependiente no sólo al fagocitado sino también a la devoradora...

## El punto **medio**

Es complicado, pero se trata de que si tan próxima quiere estar a su presa, pueda a la vez participar de los dos ambientes: el de ella y el de su novio, para no aislarse ni aislarlo. Su objetivo es ir juntos a todas partes porque así se cree que su amor es perfecto y total.

Bueno, es una forma de vida como otra cualquiera. Al fin y al cabo, el parasitismo es una relación muy extendida en la naturaleza, ¿no? Y dicen que la naturaleza es sabia...

**Técnica de la devoradora.** Es la técnica que explotan las caribeñas y otras chicas sudamericanas que están locas por salir de sus países. El punto clave de esta técnica es que los atontan con sexo, fiestas y ron.

Las devoradoras siempre están dispuestas a hacerlo y tienen una presencia absolutamente demoledora con largas uñas pintadas de rojo y vestidos sexys, ya sean cortos o escotados o ambas cosas. Todo en ellas invita al sexo, saben ser obsequiosas y su voz es cálida y dulce.

> **Ventajas:** la vida es divertida, maravillosa, emocionante...
> **Desventajas:** el desgaste es alto.

## El punto **medio**

La vida sería más divertida si nos la tomáramos menos en serio y jugáramos más. Una actitud hacia el sexo abierta y desinhibida puede ser un buen punto de partida para una pareja explosiva, pero no olvides que no lo es todo. Puede funcionar al principio, pero si luego no hay más, el cansancio será mutuo.

No nos iría mal aprender de la disponibilidad de la devoradora, no te digo que te obligues, sino que aprendas a motivarte y a ser dueña de tu propio placer.

## Errores garrafales

Si la operatividad de las anteriores técnicas es discutible y depende de cada caso, hay una serie de errores que nunca debes cometer.

1. Lo peor que puedes hacer es **intentar brillar oscureciendo a alguien.** Es patético que empieces a criticar a alguna amiga o conocida tuya para demostrar que eres mejor, porque lo

único que conseguirás es quedar como una superenvidiosa. Además, siempre puede haber alguien que te contradiga en público y te deje bien claro que tu *amiga* es más maravillosa, más divertida, más graciosa, más ocurrente, más delgada, con mejor tipo o más lista que tú... Y entonces, ¿qué harás? ¿Defenderte a capa y espada? Resulta muy poco glamouroso, querida...

Haz que sean los demás quienes hablen bien de ti y los que te alaben... Y aprende a preguntar para obtener las respuestas que quieres. De todas formas, cuando hagas una pregunta debes estar preparada para cualquier respuesta. Por lo tanto, no preguntes nada si no estás dispuesta a oír una respuesta sincera que puede que no te guste.

Si tan necesitada estás de una respuesta o de un halago, hay fórmulas que pueden funcionar como: «No sé si acerté con el color de este vestido» o «Me parece que debería haber trabajado más las conclusiones del proyecto». Estas fórmulas son fenomenales para que te suban el ego. Si quieres una respuesta sincera, pregunta directamente. Y si quieres la verdad (dentro de lo que cabe), no preguntes y espera a que te digan algo. Puede que obtengas pocas respuestas, pero las que te den tendrán una ventaja: los comentaristas habrán actuado por su cuenta y riesgo y sin ningún estímulo por tu parte.

2. El siguiente error más importante y demoledor es **verte a través de los ojos de los demás y actuar para gustarles.** Cualquier comentario que no se corresponda con tus deseos o expectativas puede hacerte sentirte insegura. Siempre debes estar más allá de la crítica; controla la situación, pero no porque te angusties intentando quedar bien a toda costa sino porque estés tan segura de ti misma que no te preocupe que te pillen en algún pequeño renuncio, error, situación embarazosa o cualquier otra situación de desventaja.

Si te sientes insegura por lo que sea, adopta una postura relajada: siéntate bien en la silla, con la espalda pegada en el respaldo y cruza las piernas de forma elegante. Si estás de pie, mantén las piernas ligeramente separadas y, sobre todo, no cruces los brazos, parecerá que estás defendiéndote.

Si mantienes una buena postura corporal, todo resultará mejor. Haz caso de estos dos consejos y, para mayor información, consulta el apartado dedicado al lenguaje corporal.

3. **Ser impaciente.** Es de lo peor que hay, sobre todo si él te ha dicho que te llamará y cuando pasan dos minutos de la hora estás absolutamente desencajada y le llamas, o si te adelantas siempre en todo. Una amiga mía estaba tan enamorada que fue a ver a su chico —que vivía en la otra punta de España— un sinfín de veces... Esta mujer, que es una seductora nata con otros hombres, no logra nunca obtener las piezas que le interesan porque las persigue demasiado. Tengo otra amiga que, en cambio, siempre espera que los hombres acudan a su territorio. Nunca tiene prisa y aunque algunos de ellos no llegan a caer en sus redes porque no se acercan lo suficiente, siempre tiene en la cola a un montón de hombres dispuestos a agasajarlas. La diferencia entre estas dos seductoras es que una sabe esperar y confía en sus posibilidades y la otra todavía no ha aprendido a dominar su impaciencia. Por otro lado, cuando la pieza ya está suficientemente interesada también puede ser útil simular impaciencia... Por ejemplo, una llamada a una hora en la que habitualmente no os comunicáis diciendo: «Te echaba de menos».

Ten clara una cosa: en el amor vale más echar de menos que de más... Aprende a dosificarte de forma que él nunca tenga suficiente.

4. Y por último, el otro gran error garrafal es **no ser realista con tus posibilidades...** que, por otro lado, son ilimitadas... Ten seguridad en ti misma, te lo diré siempre, y a por todas. Y si, por cosas de la vida, no puedes conseguir lo que quieres... Nunca pienses que has fracasado, simplemente cambia de objetivo.

# El enamoramiento

El enamoramiento es un estado perfecto del organismo y la mente: uno tiene sensación de angustia y mariposeantes arcadas en el estómago cuando va a ver a su amado, y la sensación de inseguridad puede llegar a ser paralizante. Si está lejos de él se siente incompleto, vacío y sin sustancia, siempre parece que el otro va a alejarse para siempre ante cualquier contratiempo y uno se va a quedar colgado para toda la vida y, con un poco de mala suerte, ni siquiera se puede dormir ni comer en condiciones por lo que la piel y el pelo se resienten...

Sin embargo, los enamorados (pobres ilusos) tienen, como las novias y las embarazadas (pobres ilusas), un brillo especial tanto en la personalidad como en los ojos. Si uno logra sobrevivir a los vaivenes emocionales que provoca, el enamoramiento puede ser felicidad en estado puro.

Es algo que no se puede buscar ni perseguir, pero a veces llega y entonces puedes dejarte llevar y disfrutarlo. Por otro lado, si te asalta la idea de que se acabará, deséchala y disfruta del momento. Además, tienes mucho a tu favor para conseguirlo: todos, absolutamente todos, los enamorados dicen que nunca habían sentido nada igual por alguien, que nunca se habían sentido tan completos y, por otro lado, cuando las incertidumbres no les acosan, también piensan que será para siempre.

El amor es eterno... mientras dura. Pero, atendiendo a Rabindranath Tagore: «Si lloras porque no puedes ver el sol, las lágrimas te impedirán ver las estrellas». Por lo tanto, aparca cualquier duda o mal pensamiento y disfruta. Además, hay que ser realista, si te has enamorado, poco puedes hacer por evitarlo, excepto si él no te corresponde o no se porta bien contigo y, entonces, como buena chica mala, lo apartarás de tu vida y de tu mente. No te quedes jamás colgada por un hombre que te hace sufrir porque si no está loco por ti ahora que empezáis, ya no lo estará nunca y si se muestra poco comprensivo al principio, con el tiempo será peor.

Si el problema es que de vez en cuando desaparece sin avisar o te da muestras de desapego, déjale; con un poco de disciplina, chica mala, dejar a alguien que no te hace caso es fácil. Simplemente aplica un poco de pragmatismo y piensa que el hombre del que te enamoraste no existe y, por lo tanto, no merece la pena que estés loca por él.

## Ventajas de estar enamorada y ser correspondida:

- **Te conviertes en una mujer superatractiva:** las chicas que tienen una relación que funciona son, curiosamente, más atractivas para los hombres.

- **Tienes un compañero deseoso** de escuchar todo lo que le quieras contar.

- **Te sientes sexy.**

- **Tu energía se multiplica por cien.** Es el momento de empezar a ir al gimnasio o de iniciar cualquier otra actividad que te hayas pospuesto.

- **Tu buen humor se multiplica por mil.** Puedes aprovechar para visitar a algún pariente de esos horrorosos que tendrías que ver inexcusablemente... O mejor aún, te sientes tan fuerte que decides no volver a verle nunca más, se pongan como se pongan tu madre y el resto de la familia.

- **No necesitas nada** para pasarlo bien, simplemente estar con él.

- **Tienes una inyección extra** de interés por cuidarte. Es el momento de empezar tratamientos de belleza extra.

- **Tienes el sexo asegurado y,** además, con alguien que está loco por complacerte.

## Cinco buenos **consejos perversos**

- Ve siempre un paso por detrás en el enamoramiento. Que sea él el que vaya avanzando y tú la que vaya detrás, agazapadita, viéndolas venir.
- No pretendas nadar y guardar la ropa todo el tiempo: si no te mojas del todo, jamás podrás disfrutar de una relación total.
- Aunque en el fondo estés loca por él, mantén las formas y deja que sea él quien te persiga.
- Compórtate siempre como si tú lo hubieras escogido a él, no como si te sintieras agradecida porque se ha fijado en ti.
- Y si todo falla, ve a por otro. Una auténtica chica mala siempre tiene varias alternativas al alcance de la mano, pero es cosa suya si las mantiene en reserva o las usa en algunas ocasiones.

## Señales de que está loco por ti

Para que no te conviertas en una descerebrada que persigue a un hombre que no le corresponde, aquí te ofrezco una lista de puntos que podrán servirte para evaluar su interés, aunque si eres observadora y quieres ver la verdad, te bastará con ver sus ojos para saberlo. Ese brillo cuando te mira un hombre enamorado es inconfundible, casi tanto como esa carita de cordero degollado... Empieza a contar puntos por cada una de las proposiciones que se cumplan:

- **Recuerda el nombre de tus principales amigas.** Merece un punto extra si notas que está ansioso por caerles bien. Merece otro punto extra si también recuerda el nombre de tus conocidos.

- **Es amable con tus amigas.** Resta cinco puntos si es demasiado amable con alguna de ellas. Réstale todos los puntos si confraterniza demasiado con la mayoría o con muchas de ellas.

- **Cuando os encontráis,** te da un beso cálido, su cuerpo se abraza al tuyo.

- **Él es siempre** quien propone que os veáis (o la mayoría de las veces).

- **Suele despedirse de ti** fijando un día y una hora concretos para veros.

- **Te coge de la mano** por la calle abiertamente, palma contra palma o con los dedos entrelazados.

- **Si le llamas diez minutos después** de la hora en la que le has dicho que le llamarías, suena ansioso. ¡Bien! ¡Bien!

- **Siempre acude a las citas,** aun cuando está destrozado, y si no va es por motivos realmente importantes: como que está con cuarenta de fiebre en la cama y no porque su equipo juega un partido.

- **Pone buena cara a los ositos de peluche.** O les pone mala cara porque, en el fondo, está celoso. Apunta un punto en cualquiera de los dos casos anteriores. No apuntes ninguno si dice barrabasadas tales como «a saber qué harás tú con tu querido Toby», y se ríe como un animal.

- **Eres la primera persona** a la que llama cuando le pasa algo, sea bueno o malo.

- **Te llama sin ningún motivo.**

- **Te ha hablado de sus amigos.**

- **Le ha hablado de ti a sus amigos.** Apunta un punto extra si además te los ha presentado o has ido con ellos a tomar unas cañas.

- **Te escucha atentamente.** Un punto extra si además hace preguntas inteligentes. Otro punto más si cuando le dices que estás deprimida te apoya y sigue escuchándote. Otro punto extra si ni aún entonces empieza a asaetearte con consejos y soluciones masculinas que nadie le ha pedido.

■ **Cuando vais a una fiesta está pendiente de ti,** pero también te deja a tu aire y se entretiene solo. Esto último es importante porque si no puede tratarse de un plasta de marca mayor.

■ **Te dice que te quiere.** No vale si lo dice en un arrebato de pasión mientras estáis en la cama. Mi novio (el actual) me susurra a veces al oído cuando estamos parados en la calle que me quiere. Este hombre, que es un seductor nato, sabe darle la entonación justa y decirlo como algo excepcional pero que a la vez sea cotidiano. El día que deje de decírmelo o, peor aún, me lo diga a todas horas y sin ese temblor en la voz, quizá debería plantearme que he de cambiarlo por otro...

## La puntuación

■ **21 puntos.** No puede ser verdad. Has hecho trampas en el test o, peor aún, es él quien juega a ser alguien que no es.

■ **15-20 puntos.** Ten cuidado... Puede tratarse de un acosador. Si estás segura de que no lo es, evidentemente está loco por ti.

■ **10-14 puntos.** A por él. Todo tuyo. Aunque las puntuaciones más bajas pueden indicar que a este chico le falta un hervor.

■ **8-10 puntos.** Bueno, podría ser mejor, pero mientras hay vida hay esperanza. Eres tú quien tiene que poner lo bueno y lo malo en una balanza y elegir. Sobre todo debes averiguar por dónde te falla este chico, y si es en puntos clave como que no te escucha cuando hablas o no está a tu lado cuando le necesitas, olvídate. También puede ser que estéis al principio de la relación, entonces quizá merezca una segunda oportunidad. Pero, atención, sólo una segunda, nada de dar una tercera, una cuarta o una quinta... Si la fastidia con su segunda oportunidad, olvídate porque sólo te hará sufrir.

■ **Menos de 8 puntos.** Ni te acerques. Ni le mires. Apártate antes de que salgas escaldada.

# Cómo fastidiar una primera cita

Desgraciadamente, hay muchas formas. He aquí unas cuantas:

- **Parlotear** incansablemente y no dejarle meter baza.

- **No dejar de criticarte a ti misma** todo el rato porque no te ha dado tiempo a arreglarte (cuando en realidad llevas tres horas acicalándote).

- **Preguntarle repetidamente si estás guapa.** ¡Prohibido preguntar eso nunca! Si el hombre con el que te has citado no te ha dicho nada al respecto, mejor déjalo correr. ¡Las chicas malas no mendigan piropos! Pero los consiguen fácilmente con una sonrisa, una picardía o un golpe de caderas mientras bailan.

- **Hacer caso a tu amiga** (o peor aún, a tu enemiga) y ponerte un vestido ajustado y unos zapatos de tacón alto cuando tú sueles ir siempre vestida de sport.

- **Ponerte nerviosa** y que te coja un ataque de risa cuando él te esté haciendo una confidencia importante.

- **Someterle a un tercer grado sobre todo tipo de temas.** De todas formas, yo lo suelo hacer por ponerles en aprietos e, incluso, les pregunto sobre temas comprometidos jugando con ellos. Creo que no he espantado a ninguno con esta actitud, ¿o sí? No te aconsejo que lo hagas, pero una vez conquisté a un tipo diciéndole con mi cara más seria: «Oye, quiero hacerte una pregunta seria». El pobre se desencajó hasta que, tras una pausa, añadí: «¿Te la pongo dura?» y solté una gran carcajada. Él también se rió y no respondió. Para mí, un hombre que me aguanta el tipo ante una salvajada semejante, es un tío que vale la pena. No sé cómo ni cuándo acabaremos, pero sé que por el camino nos lo pasaremos de muerte.

- **Tirarle más de tres copas por encima.** Sí, la primera vez puede hacer gracia, pero el resto, como que no...

- **Decirle que te gusta mucho o,** peor aún, que le quieres.

- **Contarle que tu mejor noche** fue cuando te despertaste atada a la cama, o aquella vez que tu vecino vino a traerte las bragas que habían salido volando por la ventana o cuando descubriste un nuevo punto de placer en tu cuerpo... ¡Calla! Y haz que sea él quien descubra tus nuevos puntos de placer. Bueno, igual tú ya los conocías antes, pero eso son detalles sin importancia.

- **Mentir sobre tus habilidades deportivas** y que te descubra porque te has caído del caballo, te has tirado la bola (no se llama pelota) de *bowling* sobre el pie o te has caído de cabeza al intentar rematar en la portería.

- **Poner verde a uno de sus amigos** o amigas porque nadie te había informado de esta relación.

- **Empezar a criticar sin ton ni son,** aunque sea a gente que no conoce.

- **Equivocarte de nombre** en un momento clave.

- **Terminar las frases por él.** No dejarle hablar.

- **Que se te caiga el diente postizo** dentro de su boca cuando os deis el primer beso. Puede que a él le haga gracia, pero te aseguro que tú nunca levantarás cabeza. También es penoso que se te caigan las extensiones del pelo, las pestañas postizas, el relleno del sujetador o cualquier otro postizo con el que hayas decidido aderezar tu anatomía. Es preferible no tratar de fascinarle con *encantos* que no siempre podrás mantener.

■ **Cabecear todo el tiempo** como un perro ansioso cuando él dice algo.

Bueno, en realidad hay muchas más formas de fastidiar una cita que de convertirla en un éxito, pero no te deprimas por eso... Relájate y disfruta del lado salvaje de la vida, chica mala, y si metes la pata intenta arreglarlo con grandes dosis de confianza en ti misma. Tengo una amiga, Carmen, que se equivocó de nombre en un momento íntimo con su novio, lo solucionó diciéndole despreocupadamente y con desparpajo: «Has oído mal». Él, por supuesto, la creyó. Ya sabes, todo tiene remedio en esta vida.

## ¿Por qué no llama?

A veces, inexplicablemente, la cita fue estupenda, todo fue divertido y genial, parecía que os robabais las palabras el uno al otro y había tanto por decir y cuando te rozaba sin querer con las yemas de los dedos saltaban chispas... Y, sin embargo, no llama.

«¿Por qué no la llamaste si todo fue tan bien en aquella primera cita?».

El 35 % de los hombres a los que se les hizo esta pregunta respondió que en su momento pensaba que estaba interesado, pero que después se dio cuenta de que sólo había sido una ilusión momentánea.

Un 22 % admitió que nunca había considerado llamar, pero que había pedido el teléfono por cortesía. Otro 22 % no llamó porque creyó que ella no estaba interesada en él. Suma porcentajes y verás que en un 57 % de los casos los hombres no llaman porque no están interesados. Ah, un 22 % no quiso contestar a la pregunta... Además, el aplastante resultado de otra encuesta es que el 74 % de los hombres aseguró que si les gusta una chica no esperan para quedar con ella.

Vale, como buena chica mala puede ser que quieras probar a llamarle tú una vez. No llames enseguida, espera un par de días al menos y luego marca. Si te dice que está muy liado y no puede verte esta semana, olvídate, no le interesas... En algunos casos, puede ser que tu decisión les haga reconsiderarte, pero tomar tú la iniciativa sólo te sirve una vez, la siguiente debe ser él quien llame.

## El tema del dinero

Nuestro deber moral es protegerles de ellos mismos y hacer que se sientan bien... Por lo tanto, ellos deben pagar (casi) todo. Al menos en las primeras citas. Eso sí, lleva tú dinero siempre; ese simple gesto te da una seguridad y un aplomo que no tendrás si estás sufriendo por si te toca pagar y no tienes suficiente o, directamente, no llevas nada. Y una verdad que puede serte útil en muchos terrenos: cuando un hombre tenga una iniciativa, no se la cortes *nunca*. Por lo tanto, déjales pagar pero, también, que recojan los platos, que los frieguen, que te mimen, que te agasajen; nada es demasiado para ti.

Algún feminismo mal entendido propone que las mujeres se liberen pagando, pero el verdadero feminismo, o quizá el más *femenino*, pasa por que ellos se sientan contentos de pagar y tú disfrutes siendo agasajada... Algunas mujeres creen que pagando compran el respeto de él y eso no es así necesariamente... Un hombre recalcitrantemente machista aceptará seguramente que la mujer que le acompañe pague la cuenta, pero seguirá siendo igual de machista y tarde o temprano se manifestará como tal.

Por otro lado, a medida que hay confianza, el tema del dinero —no sólo con tu pareja sino con tus amigos—, debería resolverse con una ley natural: paga quien más tiene...

Si él tiene más dinero que tú, deja que pague las cenas o los almuerzos, pero invítale a tomar una copa, por ejemplo, o costéale el café o el cine. Si sois una pareja estable el hecho de que compartáis vuestro dinero y tengáis atenciones el uno con el otro consolida vuestra complicidad.

### Individuos de los que **debes huir**

- Aquellos que insisten en dividir los gastos entre dos.
- Los que pagan, pero luego se pasan media hora dándole vueltas a lo caro que está todo.

➤

- Los que admiten que paguéis una vez cada uno, pero de golpe te recuerdan que te toca a ti.
- Los que te piden dinero para pagar y, encima, se quedan el cambio.
- Los que siempre están con excusas como que se han olvidado la billetera o la tarjeta se les ha rayado... Dos veces con una excusa de este estilo son motivo suficiente para decir adiós y no volver la vista atrás.
- Los que pagan en plan machito y se ve claramente que luego se lo querrán cobrar a toda costa.

## Qué decir

El mejor consejo en estos casos es dejar que hable. Interésate por él y sus asuntos, pero no pierdas la cabeza y mira si él también se interesa por tus cosas... Si no es así, huye ahora que todavía estás a tiempo.

Háblale de tus gustos y aficiones y cuenta alguna anécdota graciosa que te haya ocurrido, y que se pueda contar, claro. Puedes explicar, por ejemplo, algún despiste gracioso, preferiblemente de algún amigo o amiga.

## Mandamientos de supervivencia de una chica mala

1. Halágalos lo justo.
2. Reconoce sus virtudes y sus logros.
3. No rías sus chistes, nunca seas complaciente y sumisa; si algo no te hace reír, hazle saber que no es gracioso mientras sueltas una gran carcajada por su cara...
4. Sé asertiva, aprende a pedir lo que quieres.
5. No les dejes todo el peso de las decisiones, decide tú también.
6. Cede en algunos puntos. ¿Quién sabe? Quizá un partido de fútbol no es algo tan malo.

7. Transgrede tus límites en varios aspectos.
8. Haz que él transgreda sus límites: exígele.
9. Ponle retos que deba superar. Plantéalos como un juego.
10. No te hagas la entendida sobre un tema si no tienes ni idea. A no ser que estés absolutamente convencida de que no te va a descubrir.
    Ríe, ríe y ríe y sonríe también. Aprende a pasarlo bien.

## Qué no decir nunca

No le hables nunca de antiguos novios y de historias pasadas y tampoco de sexo o de dinero. Y, por supuesto, nada de hablar de calorías ni de lo gorda que estás. Entre las frases pretendidamente graciosas que no puedes soltar está eso de que una eyaculación tiene siete calorías... ¡Ejem! En el caso de que se te ocurra decirlo, aprovecha que tienes la boca llena para callarte.

Otra cosa, las chicas malas son perversas, pero no tontas. Antes de practicar según qué actos sin protección es indispensable que ambos os hagáis un análisis para descartar que tengáis el Sida. Con los tiempos que corren, es indispensable. De todas formas, cuídate y sigue sin hacer según qué sin protección si no estás absolutamente segura de que él te es fiel.

### Frases horribles:

■ **«Mi psiquiatra dice que mi problema con los hombres es que soy demasiado sincera».** Guarda la palabra «psiquiatra» en el armario, a menos que quieras gastarle una broma provocadora, pero entonces deberás decirle algo demoledor como: «Mi psiquiatra dice que mi problema con los hombres es que me gustan demasiado, pero yo no veo dónde está el problema... Bueno sí, que ya no me caben en el armario». Juega a desconcertarle con declaraciones surrealistas de este tipo.

- **Prohibido: «Mi ex tal, mi ex cual...».** Nada de ex novios. No te digo que bases tu relación en la mentira, pero tampoco que airees viejos amores a la menor oportunidad. Cuéntale tu vida si te apetece hacerlo, pero no esperes que entienda que tuviste una brillante vida sexual; sólo unos pocos, muy pocos, están capacitados para entenderlo y normalmente sólo en situaciones de ilegalidad como que él tenga otra pareja...

- **«Mi ex era clavadito a Brad Pitt».** Pues vale, estupendo, ya puedes ir desfilando e irte con él.

- **«Antes de adelgazar veinte quilos y operarme la nariz y el pecho era un adefesio».** ¡Dios! ¿Es que no tienes medida? Calla tus miserias. Tú siempre has tenido pecho, incluso cuando tenías cinco años, y siempre has lucido un cuerpazo de impresión. Evidentemente, no puedes decir eso bajo ningún concepto, pero compórtate como si fuera así.

- **«¡Oh, qué mona!»** (referido a su polla). Sí, no es una churra ni una cosita ni una pilila ni una tita, es una Polla, señora Polla). Evidentemente, tampoco debes hacer comentarios del estilo: «Bueno, seguro que mejora en cuanto se ponga en forma».

- **«Quiero algo más que una relación pasajera».** No se puede decir ni dentro ni fuera de la cama. Las chicas malas saben que deben dejar que las cosas ocurran, con un pequeño y sutil empujoncito por su parte, eso sí, pero jamás plantean estas cuestiones a sus hombres. De todas formas, las chicas malas actúan y si hay algo que no les cuadra, simplemente se van. Sin dramas, sin chantajes y sin reproches.

- **«Todos los hombres me acaban dejando. Es mi sino...».** Desde luego que sí, porque el próximo será éste. Por mucho que pueda parecerte atractivo el papel de mujercita indefensa, si lo juegas de esta forma tan torpe no harás más que acumular abandonos.

- **«Pensaba que llegaba tarde, he tardado horrores en depilarme».** ¡Nooooo!. Las mujeres no nos depilamos, pase lo que pase tenemos las piernas suaves siempre. Ahórrale a tu chico, al menos en los primeros tiempos, tus más horribles procesos para estar guapa.

- **«Odio el futbol».** Bueno, matemáticamente, tienes muchas probabilidades de estar ante un seguidor del balompié o, peor aún, de un jugador aficionado. Deja para más tarde la expresión de tus fobias.

- **«Es que yo soy gafe».** Pues igual eres tan gafe que, ante semejante declaración, sale huyendo.

- **«¿Con cuántas chicas te has acostado?»**, «¿Soy mejor amante que tu ex novia?», «¿Soy la mejor amante que has tenido nunca?», «¿Encuentras guapa a esa chica?», «¿Crees que lo nuestro tiene futuro?», «¿Estoy gorda?». Déjate de preguntas idiotas, sobre todo si es posible que la respuesta no te guste porque salgas perdiendo en la comparación o porque sea afirmativa y te diga: «Sí, efectivamente, estás gorda».
Si te sirve de consuelo, ellos tampoco se quedan atrás a la hora de decir inconveniencias y pueden soltar perlas del calibre de: «Yo soy de los que opinan que la verdadera belleza está en el interior de las personas. Por eso me gustas tú» o «Estás más guapa con ese par de kilitos de más» o «¡Estas guapísima! Menos mal que te has cortado esa horrible melena que llevabas».

## El lenguaje corporal

Está demostrado que las parejas que se gustan suelen adoptar inconscientemente los mismos gestos y posturas. Si quieres ayudarle un poco, imita sutilmente alguno de sus gestos y, por otro lado, observa si él copia algunos de tus movimientos.

La atracción se nota porque si la posible futura pareja se sitúa frente a frente, manos pies y el resto del cuerpo apuntan hacia el otro. Además, a medida que la temperatura va subiendo, los dos empiezan a sincronizarse y llegan a cruzar las piernas, tocarse la cara o inclinarse hacia adelante prácticamente a la vez. Mirar a los ojos también es importante.

Desde luego, nada de cruzar los brazos; es un típico gesto de defensa que todo el mundo interpreta, aunque sea inconscientemente, y te sitúa en una posición de desventaja.

Lo mismo sirve para las piernas cruzadas en el caso de que estés de pie. Si estás sentada es muy normal que cruces las piernas. Los hombres, en cambio, suelen tener dificultades para cruzar las piernas debido a la mayor rigidez de sus músculos. Como habrás observado, prefieren sentarse con las piernas abiertas, al parecer para que se les refrigeren los testículos, a los que les sientan mal las altas temperaturas. No es broma, si los testículos cuelgan fuera del cuerpo es para evitar que se recalienten.

No descuides el lenguaje corporal, es fundamental a la hora de interpretar las señales de tus presas. El 55 % de las comunicaciones personales se hacen por medio del lenguaje del cuerpo; el tono de voz representa el 38 % y solamente el 7 % restante está constituido por las palabras. Te conviene saber interpretar sus gestos. Una buena noticia: las mujeres estamos más dotadas que los hombres para interpretar el lenguaje corporal. Una mala noticia: nuestra gama de expresiones es más amplia que la de ellos.

La intuición femenina no es un mito sino algo muy real. El hemisferio derecho del cerebro de las mujeres, encargado de reunir diferentes pruebas y señales para comprender el conjunto, tiene más actividad. En los hombres es más activo el hemisferio izquierdo, el de la racionalidad, que se para a analizar.

Un buen oyente debe mirar de frente a su interlocutor, pero no con demasiada intensidad: debe mostrar interés, más no curiosidad.

**Vamos por partes.** Cada parte del cuerpo tiene su especial significado. Aquí te ofrezco las principales claves de cada una para que:

1. Puedas adoptar la pose que quieras y no te traiciones.
2. Sepas interpretar qué te está diciendo él con su lenguaje corporal.

## LAS MANOS

- **Con las palmas hacia arriba.** Se asocia a decir la verdad, sinceridad y lealtad.
- **Agarrarse las manos o los brazos detrás de la espalda.** Exceso de seguridad o alguien que se siente superior a los demás.
- **Apretar las manos.** Está tenso o enfadado. También puede ser que esté asustado y no se atreva a decir algo.
- **Retorcerse las manos.** Miedo, enfado o ansiedad.
- **Manos cruzadas detrás de la cabeza.** Indica que quien lo hace se siente superior. Sin embargo, si sólo es una mano la que viaja a la nuca puede indicar frustración o enojo.
- **La mano sirve de apoyo a la mejilla.** Está pensando o evaluando la situación. De hecho, es una de las posturas favoritas de los hombres. No sólo en el gesto, sino también en el concepto. Los hombres, genéticamente, están programados para subirse a una roca a esperar: que llegue la caza, que lleguen los invasores y puedan echarlos de su territorio, que llegue el buen tiempo, que lleguen las ideas que les servirán para conseguir una buena estrategia en la caza o en la guerra... Por eso los hombres necesitan estar en silencio cuando están preocupados o tienen problemas: es su forma de sentarse sobre la roca en solitario y resolverlo todo o que se resuelva por sí solo.
- **Si la cabeza deja caer todo su peso sobre la mano** es señal de aburrimiento.
- **Taparse la cara con las manos.** Frustración o tristeza.

- **Apoyar la cara en las dos manos.** Aburrimiento.
- **Frotarse la nariz.** Inseguridad o pensamientos negativos. En muchos casos indica que la persona está mintiendo, sobre todo si también se lleva la mano a la boca o se rasca el ojo. Para interpretar bien este gesto hay que observar si la persona lo realiza cuando está hablando su interlocutor o cuando está todavía reflexionando sobre lo que le han dicho o bien, cuando está hablando él.
- **Agarrar el apéndice nasal.** Concentración.
- **Rascarse el cabello.** Sorpresa o búsqueda de argumentos.
- **Rozar levemente el cabello** señala que el sujeto se encuentra distraído en sus propios pensamientos.

## LOS BRAZOS

- **Subir ligeramente los hombros y echarlos hacia atrás.** Atracción. Es una pose coqueta, significa que un acercamiento será bienvenido.
- **Cruzar los brazos.** Defensa. También puede indicar enfado.
- **Brazos en jarra.** Actitud hostil.
- **Brazos hacia abajo.** Relajación. En el caso de que se acompañe con hombros hundidos, sal corriendo: indica falta de motivación para la acción.
- **Rodear con el brazo a la pareja** mientras ambos están de pie hablando con alguien: «¡Atención! Es mía».

## LAS PIERNAS

- **Piernas juntas.** Es la forma más recatada de situarse.
- **Piernas separadas.** Indican seguridad en uno mismo o, según el contexto, insinuación sexual.
- **Piernas cruzadas.** El más recatado es el tobillo-tobillo, pero hay varios más. El rodilla-tobillo expresa que alguien está relajado. El rodilla-rodilla se ha impuesto con el tiempo a la posición recatada de piernas juntas. Desde luego, es el más recomendable si quieres mostrar piernas, pero asegúrate de girarlas en escorzo y pegarlas como lo

hacen las presentadoras de televisión, actrices y demás mujeres populares. No es incómodo, en contra de lo que pueda parecer y, además, para mantener las piernas juntas no te queda más remedio que mantener la espalda erguida, lo cual es excelente para esta sufrida parte de nuestra anatomía.

- **Piernas cruzadas con balanceo de pie.** Aburrimiento.

## LOS LABIOS

- **Boca ligeramente abierta.** Relajación.
- **Apoyar el dedo índice en la boca** es síntoma de perplejidad o meditación.
- **Boca entreabierta y labios húmedos.** Seducción de alto voltaje.
- **Comisuras hacia abajo.** Tristeza.
- **Comisuras hacia abajo con labios tirantes.** Asco, fastidio absoluto.
- **Comisuras hacia abajo y labio inferior proyectado hacia afuera.** Desconocimiento absoluto sobre un tema o resignación.
- **Comisuras hacia arriba.** Sonrisa. Pero según la posición de los ojos puede revelar también tristeza o matices como ironía, sarcasmo, sentimiento de superioridad, desconfianza...
- **Lamer los labios repetidamente.** Nerviosismo, inseguridad grave o, peor aún, mentira.
- **Estrechamiento de los labios y tensión en la barbilla.** Enojo o ira.

## LOS OJOS

- **Parpadear frecuentemente.** Nerviosismo.
- **Pupilas dilatadas.** Respuesta a algún estímulo positivo. Excitación sexual.
- **Pupilas contraídas.** Respuesta a un estímulo negativo.
- **Frotarse un ojo.** Dudas.

- **Mirada de reojo.** Desconfianza o desaprobación. Si es entre dos personas que tienen mucha confianza: complicidad. Si va acompañada de sonrisa pícara: coqueteo.
- **Mirada huidiza.** Mentira o desconfianza.
- **Mirada directa a los ojos.** Sinceridad. Pensamientos positivos. Si se mira a los ojos con la barbilla hacia arriba indica desafío. Bajar la cabeza y mirar a los ojos es un signo de coquetería.
- **Mirada fija en un zapato o en un botón del interlocutor** ¿Inseguridad total? ¿Locura?
- **Ojos muy abiertos.** Exasperación.
- **Ojos que se abren de pronto y vuelven a su posición inicial rápidamente.** Sorpresa.
- **Mirar las musarañas.** Aburrimiento total.

**El espacio entre dos personas.** Dice mucho sobre la relación que hay entre dos personas o la que puede haber...

- **Zona íntima privada 0-15 cm.** Estos dos o tienen algo o lo van a tener o lo querrían tener pero no se atreven.
- **Zona íntima.** 15-45 cm. Alto voltaje.
- **Zona personal.** 46 cm-1,22 m. Entre amigos que se conocen bien.
- **Zona social 1,23 m-3,6 m.** La distancia reservada a los conocidos y a los extraños.
- **Zona pública.** A partir de 3,6 m. Es la distancia indicada para dirigirse a un grupo de personas que no conocemos.

Evidentemente, estas normas no son aplicables en sitios abarrotados de gente. En estos lugares tendemos a abandonar nuestras reservas automáticamente.

Cuando una persona inclina la parte superior del cuerpo hacia otra es que se siente atraída por ella. La atracción es recíproca cuando los dos están inclinados hacia adelante.

## Técnicas **para mentirosas**

- Ante todo, mantén la calma siempre y mira a los ojos de tu pareja como lo harías normalmente... Piensa que también puede detectar que pasa algo si habitualmente le miras poco a los ojos y ahora le miras insistentemente. La deshonestidad también se detecta en el habla rápida y la jovialidad injustificada y el tocamiento aparentemente familiar.

- Nada de juguetear con un bolígrafo, con tu pelo, ni rascarte la cara o la nariz o llevarte un dedo o la mano a la boca. Son las señales que delatan al mentiroso.

- No des demasiadas explicaciones. Si te muestras demasiado comunicativa y das demasiados detalles también se te verá el plumero.

- No termines tú la conversación bruscamente. Puede parecer que estás intentando cambiar de tema que es, justamente, lo que estás haciendo. Aguanta el tipo.

- Responde a todas las preguntas, pero ten claros tus límites. No respondas a preguntas a las que normalmente no responderías si no te sintieras tan culpable.

- No respondas a preguntas que nadie te ha hecho.

- No des más información de la que sea precisa.

- Piensa que lo estás haciendo por su bien, sobre todo si es la peor de las mentiras.

- Si esto falla, piensa que él también lo haría y con menos miramientos.

# El ligue

Por mucho que lo neguemos, lo primero que nos atrae de una persona es su físico. Entre los detalles que les llaman la atención a ellos están los labios carnosos, los pómulos marcados y los pechos atractivos. A nosotras nos gustan altos, morenos y maduros.

A los hombres, además, les gustan las rubias porque, inconscientemente, las identifican con la juventud y, por tanto, con una mayor fertilidad. El pelo lustroso y sin canas, la piel tersa y los dientes sanos son también signos de juventud y, por tanto, de fertilidad. No nos engañemos, actuamos todavía según instintos atávicos y por eso a nosotras nos gustan los maduros seductores: simplemente son hombres con una vida ya hecha que podrán colaborar con la crianza de nuestros retoños. En fin... que nos creemos las reinas del corazón y la pasión y no somos más que esclavas de nuestros genes.

De todas formas, sea por la razón que sea, a todas nos gustan las buenas presas, especialmente a las chicas malas que, además de atreverse a decirlo, las cazan. O mejor aún, no lo comentan y las cazan sigilosamente.

Lo primero que tienes que tener para conseguir a cualquier hombre que te propongas y lograr tener con él la relación que desees es seguridad.

Una pregunta. ¿Conduces? ¿No? Pues ya puedes ir a sacarte el carné y a comprarte un coche. Tengo una amiga que dice que la forma en la que conducimos el coche es reflejo de la manera en que llevamos nuestra vida y ella misma añade: «Y yo tengo carné, pero no llevo coche...»

Apúntate a la *cocheterapia*. Conduce y, además de ser más independiente y de poder llegar por ti misma a cualquier sitio sin trabas de horas o de espacio, disfrutarás de una mayor dosis de autoconfianza. Las chicas buenas piden por favor que las lleven, las chicas osadas y tontas hacen autostop y las chicas malas van con su coche a todas partes sin pedir permiso a nadie y, también, cuando es necesario o les apetece, consiguen que las lleven hombres atentos.

Una vez que tengas el carné y el coche, rastrea tu confianza en ti misma.

¿Eres brusca? Bueno, tienes que remediar eso en tu conducción y en tu vida.

¿Te da miedo ir por según que vías? Evidentemente, no puedes ir (todavía) a todas partes en la vida.

¿Te sientes insegura conduciendo? Necesitas más confianza en ti, está claro.

¿Eres agresiva? Igual eres un poco prepotente y esto te está perjudicando en tus relaciones con los demás.

¿Nunca sabes por dónde vas ni adónde vas? Creo que no tienes claros tus objetivos en esta vida, analízate.

¿Conduces peor cuando tienes a alguien al lado? Me parece que le das demasiada importancia a lo que opinan los demás de ti.

¿Siempre te pitan en los semáforos? Bueno, quizá deberías vencer esa tendencia a la dispersión.

Suma y sigue... Analiza tu conducción y podrás saber muchas cosas de ti.

## Una dosis de autoconfianza

Cuando te sientas desfallecer, sigue estos puntos mentalmente y relájate. Si no consigues tranquilizarte, al menos lograrás evitar parecer insegura. Para seducir es primordial estar segura de ti misma y parecerlo.

■ **Sonríe.** La sonrisa te hace aparentar seguridad y, además, crea buen ambiente.

■ **Mantente erguida,** no te desplomes como un saco. Si te tienes que sentar hazlo lentamente.

■ **No dejes que los demás estén de pie,** mientras tú estás sentada. Que estén por encima de tu cabeza es una posición de poder para ellos y puede ponerte más nerviosa. Al contrario, intenta ser tú la que se ponga de pie cuando tienes que decir algo difícil o tienes que hacer una llamada de teléfono complicada.

■ **No te sitúes nunca** de espaldas a la puerta.

■ **Ralentiza tus movimientos.** Cuando estamos nerviosos, tendemos a hablar más deprisa y a movernos atropelladamente. Evítalo.

■ **Respira hondo antes de hablar.** Pero procura que no te vean suspirando.

■ **Respira con normalidad.** No contengas la respiración porque tu voz saldrá quebrada.

■ **Habla despacio y en voz alta.** No dejes que salgan los tonos más agudos de tu voz porque parecerás una ratilla asustada.

■ **Repítete a ti misma: «Puedo hacerlo».** Siente tu fuerza. Ten presentes tus cualidades y no dejes que tus defectos o, sobre todo, tus inseguridades ganen la batalla.

■ **Tómate tu tiempo para decidir.** Nunca des una respuesta inmediata a una propuesta, sea del tipo que sea, pide un día y piénsalo bien. Si accedes inmediatamente puede que superficialmente des la impresión de seguridad, pero de la otra forma, podrás meditar tus decisiones y, a la larga, darás una mayor impresión de seguridad. La mayoría de las veces que digo a alguien: «Mañana te contestaré» con una gran sonrisa, veo como su cara se descompone. Y, además de sentir un gran placer, también sé que estoy a punto de conseguir lo que quiero en los términos que quiero.

- **Si no te encuentras a gusto,** puedes usar un pequeño truco: pensar que eres un personaje repleto de seguridad en sí mismo de una obra de teatro y actuar ante tu público como tal.

- **Si fallas,** reconoce que te has equivocado con sinceridad y no hagas un drama de ello.

- **Si te caes,** levántate e inténtalo de nuevo.

## Siete escalones para **ganar autoconfianza** (de verdad)

- Deja de cuestionarte absolutamente todo lo que haces.
- No te encierres en casa a comer o beber cuando algo te salga mal; sal a divertirte.
- Aprende a reírte de tus pequeños tropezones.
- Arriésgate a ser rechazada. Llama a puertas, relaciónate. No es grave.
- Confía en tus amigos, apóyate en ellos y deja que se apoyen en ti.
- No dependas tanto de la opinión o del reconocimiento de los demás.
- Termina lo que empiezas.

## Jugar sin ataduras

Ligar es divertido y, si lo haces por deporte, puede proporcionarte grandes momentos. Hay seductoras que han escogido ligar como una forma de vida: periódicamente van renovando sus ligues antes de que se gasten. Otras, en cambio, van de aventura en aventura de una noche sin dejar que los chicos se instalen ni una semana en su vida. Y otras más, simplemente juegan con los chicos y flirtean sin llegar a nada: cuando la noche se termina, cada uno vuelve a su casa y hasta la próxima.

Nada es reprobable y lo último que pretende este libro es juzgar a nadie. Elige tu forma de vida, pero hazlo de forma que te sientas bien con ella. Conozco mujeres que saltan de hombre en hombre sin problemas y otras que se sienten tremendamente culpables luego porque, en el fondo, lo que buscan es sentirse admiradas, deseadas y queridas.

Sería falso decir que todas las mujeres que tienen aventuras de una noche actúan así porque tienen la autoestima baja, pero sí hay un número de ellas que lo hacen por este motivo. Tenía una amiga, ligona avanzada, que decía que a ella no le gustaba el sexo pero que era el precio que tenía que pagar por sentirse querida y mimada por los hombres. Actitudes así no son, desde luego, sanas, pero si tienes vocación de devoradora y eres feliz con ello, pues... ¡Adelante!

Un dato curioso: el 62 % de las mujeres aspira a una única pareja sexual durante toda su vida. Sólo el 30 % de los hombres tiene la misma aspiración.

## Aventuras de una noche, ¿por qué arrepentirse a la mañana siguiente?

A menos que no hayas usado preservativo, no tienes ninguna razón para arrepentirte al día siguiente. Quítate de la cabeza esas zarandajas de que eres una chica fácil, te sientes sucia o cosas similares. Habrá hombres (y mujeres) que intentarán hacerte creer eso y que se sentirán con derecho a juzgarte, pero no es así.

Tú eres dueña de tu cuerpo y puedes hacer lo que quieras. Pero controla la situación, no te enamores de buenas a primeras de los ligues de una noche porque lo pasarás mal. Aunque nos cueste reconocerlo, las mujeres estamos (más) programadas para asociar el sexo con el amor, mientras que ellos pueden disociar estos dos conceptos.

Enamorarte de tu ligue de una noche, ese con el que te has acostado en la primera cita (o en la segunda o tercera) puede ser, en general, el peor de tus errores. Los hombres, que siguen siendo terriblemente machistas, eso no tienes que perderlo de vista, suelen distinguir (sí, todavía) entre chicas malas (Tú, por elección propia) y las buenas chicas con las que se casarán o serán novios. Si tú te acuestas con un chico cuando te apetece, estás bajo sospecha de que volverás a acostarte con otro hombre en cuanto te dé la espalda.

Consejo de chica mala: en las aventuras de una noche no mezcles el placer y el sexo con los sentimientos, el amor o los negocios. No le vuelvas a llamar nunca, a no ser que estés preparada para una ardua negativa y no esperes que te llame envuelto en romanticismo; seguramente si te llama será para repetir: tú eres quien debes decidir si te interesa o no, pero no te ilusiones.

En lo que se refiere a estrategias de seducción, desgraciadamente una de las medidas más pésimas es precisamente acostarte con él en la primera cita. Recuerda que siempre debes tener un cierto halo de inaccesibilidad.

Una historia curiosa: estaba tumbada al lado de un hombre con el que me había acostado después de varias citas y del que no estaba enamorada pero había una gran corriente de alto voltaje y me espetó: «Eres una chica fácil». «Y tú un hombre fácil», le contesté. Me vestí y me fui. Me llamó por la noche para disculparse pero le rechacé cortésmente: había perdido su oportunidad. Podría parecer un desliz, pero este hombre era así y si la relación hubiera avanzado hubiera tenido que oír muchas veces cosas parecidas.

El 39 % de los hombres piensa que si una mujer se acuesta con ellos en la primera cita es porque es fácil y promiscua. Otro 39 % piensa que es porque le gusta bastante y no le da mayor importancia. Sin embargo, no pierdas el norte, un 81 % de los hombres dice que cuando van en serio con una mujer esperan más de tres citas antes de acostarse con ella y un significativo 26 % de hombres asegura que espera más de diez citas.

Los peores enemigos de las chicas malas no son los hombres sino las chicas que quieren ir de buenas. Esas que van lanzando carnaza a los hombres y piedras a las chicas malas. Vale que hay que mantener un poco las formas como yo misma te he recomendado, pero eso de hacerse pasar por una mojigata y criticar a las chicas que han aprendido a pasárselo bien sin hipocresías es una treta muy rastrera.

Por una extraña razón, los hombres creen que nosotras tenemos menos parejas que ellos (cuando es al revés porque entre los 16 y los 18 años ellos difícilmente se comerán una rosca y nosotras estamos solicitadísimas). Además, también creen que el sexo no nos gusta, excepto si es con ellos que, claro, con su sabiduría y saber hacer nos despiertan a la vida y al goce... Bueno, pues esas terribles ideas los hombres las sacan de las falsas mojigatas que van arreando con el bate de béisbol a sus competidoras más lanzadas, mientras se quedan para disfrutarlos ellas solas, bien calladitas, otro tipo de bates...

De todas formas, te recomiendo discreción para evitar que murmuren sobre ti. No caigas en el error de ser una falsa mojigata hipócrita que alienta el machismo con sus actos, pero tampoco te juegues el pellejo y la autoestima intentando cambiar el mundo y la concepción que tienen los hombres de éste predicando con el ejemplo tú sola.

Y en cuanto al flechazo: sólo lo siente una de cada cuatro personas, las demás se van enamorando con el tiempo.

## Ventajas de vivir sola y estar sin novio (pero con ligues)

Puedes:
- **Demostrar que somos más independientes:** 1.525.370 españoles viven solos; 1.024.056 son mujeres.

- **Seguir demostrando nuestra independencia:** el 80 % de las jóvenes entre 18 y 35 años prefiere un buen trabajo a un buen matrimonio.
- **Dormir en diagonal en la cama** o extendida como una gran cruz.
- **Dormir con camiseta** y calcetines gruesos.
- **Embadurnarte la cara** con crema hidratante y el cuerpo con crema nutritiva.
- **Bailar por toda la casa** como una loca y saltar sin que nadie te mire mal.
- **Invitar a saltar contigo** a quien tú quieras y pasártelo en grande.
- **Ponerte una mascarilla capilar** y un gorro de algodón o lana por encima.
- **Descubrir o redescubrir los placeres** de las sábanas sobre tu piel desnuda.
- **Quedarte media hora más en la cama:** el baño y el desayuno son sólo tuyos.
- **Invitar a tu ligue,** hombre deseoso de agradar, a que te prepare el desayuno.
- **Ir a dónde quieras** sin dar explicaciones.
- **Comer lo que quieras** y a la hora que quieras.
- **Apuñalar con las tijeras,** con toda tu rabia, ese bote cerrado al vacío que no hay dios que lo abra.
- **Descubrir** (si no lo has hecho ya) que eres mucho más habilidosa de lo que pensabas y que eres capaz de cambiar cerraduras, bombillas, enchufes, instalar todo tipo de aparatos, colgar cuadros...
- **Hacerle ojitos al *buenazo* de tu vecino** (*buenazo* ambas acepciones) para que te ayude a reparar algo que no sabes arreglar.
- **Comprarte tus propias herramientas** y disfrutar usándolas. Demostrar que eres habilidosa con destornilladores y otras herramientas.
- **Comer un filete,** una hamburguesa, un solomillo, un bocadito de paté e ir variando para no aburrirte; incluso el caviar más estupendo (el chico diez) aburre si se toma cada día.

- **Tomar las verduras cruditas** y crujientes en lugar de hipercocidas y blandengues como las hacía su mamá. También puedes liberarte de todas sus manías.
- **Encontrar las cosas** como las dejaste.
- **Reír o llorar a placer** ante la televisión o la radio sin medida.
- **Ocupar los dos sofás.**
- **Saltar de un sofá a otro.**
- **Cerrar los ojos,** respirar y oír un estupendo silencio.
- **Acumular la basura** durante días o bajarla cada día. En todo caso, no tienes que batallar con nadie para ver quién hace cualquier actividad doméstica.
- **Sentir que haces las cosas para ti** y no por quedar bien ante alguien o por que hay un vago incapaz de hacerlas.
- **Dejar las cosas por en medio** o, por el contrario...
- **Tenerlo todo impoluto** y perfectamente ordenado.
- **Llenar la nevera** de las cosas que te apetecen.
- **Comerte un gran bol de helado** sin que nadie te pregunte maliciosamente por tu dieta.
- **Olvidarte del fútbol** o consagrarte a él, dependiendo de tus gustos.
- **Dejar tus libros de autoayuda,** tus novelas románticas, tus libros de sexo o cualquier otro libro que te apetezca por en medio.
- **Disfrutar de** tus amigas y amigos.
- **Organizar comidas o cenas** en casa en las que cada uno traiga su especialidad.
- **Ver gente** a la que hace tiempo que no ves.
- **Ser dueña** del mando a distancia.
- **Escuchar** la música que quieres.
- **Llamar a quien quieras** y pasarte dos horas hablando si te apetece.
- **Tener la tapa del baño** siempre bajada.
- **Comprar lo que quieras** sin que te fiscalicen.
- **Coquetear** con todos los hombres que quieras (o algo más).
- **Vestir como quieras** sin que te ponga morros.
- **Equivocarte y que él** (tu ligue) lo encuentre la mar de simpático.

## ¿De dónde sacar los hombres?

Por supuesto, nada de sacarlos del trabajo. Si vas a picotear aquí o allá, mejor no mezcles temas. Tenía un amigo que decía que lo mejor era vivir en un barrio, trabajar en otro y ligar en un tercero (y cuarto y quinto, dependiendo de la afluencia de ligues que uno precise).

No te recomiendo los anuncios en las revistas porque están llenos de tarados y de profesionales de las citas a ciegas, pero picotear en ellos, si no tienes intenciones demasiado serias, también puede ser divertido. De todas formas, si te decides por un anuncio piensa que es mejor responder uno que ponerlo tú, porque podrás decidir a quien quieres llamar y, sobre todo, no tendrás que atender llamadas que no desees. Una detestable costumbre de los hombres-anuncio: llaman a lo que les parece interesante aunque no se ajusten a lo solicitado...

Los lugares para ligar suelen ser siempre los mismos, aquellos en los que hay hombres: el gimnasio, los bares de copas, las discotecas, los campos de fútbol y otras instalaciones deportivas... Los camareros de los bares de copas pueden ser bocados suculentos, pero también muy solicitados. Seguramente, dado su trabajo, sus horarios y sus oportunidades no son los mejores hombres para tener una relación seria, pero sí puedes darte un capricho con ellos.

Si te dedicas a los bares de copas o a las discotecas procura no levantar las piezas siempre en el mismo sitio porque un día que estés baja de ánimo puede ser que oigas algún comentario sobre tu avidez sexual que te haga daño. ¡Sé discreta!

### Algunos lugares calientes

- **El supermercado.** Puede ser un buen punto para encontrar chicos. Pásate a última hora de la tarde y fíjate en la cesta de la compra de tus objetivos. Olvídate de ellos si contiene Dodotis, compresas femeninas, envases familiares y otros productos delatores. Pregúntale sobre la comida, sobre algún producto congelado o precocinado, sobre dónde está determinado producto e intenta establecer una conversación.

Yo recuerdo una conversación muy divertida con un tipo muy... asqueroso ¡puajj! Estábamos en la sección de carne de un supermercado:

—Pero qué buena está la ternera —me suelta él, en un susurro y sin dejar de mirarme.

—Pues el cabrito está hecho un asco —le contesto yo, entre dientes y sin mirarle.

Bueno, no es un buen ejemplo para ligar, pero el hombre era un horror y... ¡Lo que me reí!. Chica mala, aprende a disfrutar tanto de tus éxitos con los hombres como de los cortes que les das a los babosos... Saber tratarlos como se merecen es parte de tu fuerza.

▪ **Paseando al perro.** Con un perro se conoce un montón de gente; desde abuelitas o  niños... hasta hombres interesantes. Entabla conversación con los amos de otros perros, pero olvídate de los hombres que dicen cosas como: «Vaya ejemplar» haciendo ver que admiran a tu perro cuando en realidad se te están intentando deslizar por tu canalillo. Mejor los que te miran disimuladamente e intentan hacerse los simpáticos de forma *naif* mientras su perro, sin duda demasiado grande, les lleva a grandes zancadas por el parque y él vocifera para que no te pierdas una palabra de su conversación: «¡Son tan tiernos los hombres...!».

▪ **La playa.** Encontrarás de todo... Afina el ojo y la puntería. En un ambiente tan festivo bastarán unas cuantas miradas, una gran pelota playera, un *frisbee*, unas palas de jugar a ping-pong o una colchoneta hinchable... para establecer contacto.

- **El bar del desayuno.** El muestrario también es muy amplio y, aunque no hay mucho tiempo, el ambiente suele ser distendido porque es un oasis de frescor en un desierto de esfuerzo, sudor y lágrimas.

- **Una compañía teatral de aficionados.** Si te gusta actuar, es tu lugar.

- **En la consulta del dentista.** Inexplicablemente, un gran número de mujeres consideran irresistibles a los dentistas. ¿Tendrá algo que ver con lo que me contó una amiga, que salía informalmente con un dentista y el hombre le arregló toda la boca gratis? Ella, desagradecida donde las haya, le dejó poco tiempo después... Bueno, no creo que sea buena idea plantearte salir con un cirujano plástico, francamente. Tranquila... Deja las operaciones en paz.

- **En Internet.** Ver capítulo dedicado a chicas muy traviesas.

## Puntos divertidos **de ligar**

- Es un subidón inmediato para tu autoestima.
- Se conoce gente.
- Follando, también se conoce gente, como decía Woody Allen, pero más profundamente. Digamos que es un segundo estadio del placer de ligar...
- El coqueteo por el coqueteo es divertido.
- Si no te juegas nada, puedes poner a prueba estrategias varias para usar luego con las piezas de caza mayor.
- Puedes intercambiar un montón de información con hombres muy diferentes a ti.
- Puedes dedicarte a actividades con las que nunca hubieras soñado.
- Puedes conocer sitios nuevos, deja que ellos te lleven a sus lugares: bares, restaurantes, discotecas, rincones especiales, tascas...
- Puedes conseguir una buena panda de amigos con los que realizar todo tipo de actividades.

## Algunas técnicas avanzadas para ligar

Si quieres acortar distancias, queda con él en un sitio lleno de gente como un bar de copas en hora punta, una cervecería de moda, un *pub* estilo inglés en todo su apogeo o una discoteca en toda su salsa. Tienen la ventaja de que hay poco espacio disponible y, además, es necesario acercarse mucho para poder conversar. Por si fuera poco, ambos tenéis excusas para tocaros: alguien que pasa, una pareja que baila cerca y te puede dar un golpe... O alguien que directamente te da un golpe y hace que te precipites sobre su pecho y caigas repentinamente en sus brazos.

Como no quieres atarte a él y tienes claro que sólo será para una noche, no tienes por qué ser comedida. Puedes tocarle y rozarle como el que no quiere la cosa para hacer ambiente... Tampoco hace falta que seas sincera e, incluso, puedes permitirte parecer alguien que no eres: potencia esa faceta tuya que puede fascinarle: la salvaje, la divertida, la loca, la deportista, la apasionada, la cortante, la cínica, la inocente... y explótala. Envuélvele en tu seducción y deja que él también te envuelva a ti.


**Ligues de una semana (o más).** Si no tenéis mucho que deciros o ambos tenéis tendencia a la timidez, podéis quedar par ir al cine. Además de que no podréis hablar demasiado durante la proyección —sólo algunas observaciones agudas e inteligentes y, afortunadamente para los dos, esporádicas—, luego tendréis tema de conversación para romper el hielo.

Habla de forma masculina. Es decir, no vayas saltando de un tema a otro constantemente ni hables de varias cosas a la vez. Respeta su turno cuando le toque hablar, no le interrumpas y escúchale con atención. Toma nota mentalmente de las dudas o preguntas que puedas tener y deja que acabe su discurso tranquilamente.

Bueno, ellos no son sutiles. De hecho, un libro de consejos masculinos para aprender a ligar, debería recomendar que se cambien los calzoncillos a diario —son pocos los que lo hacen— y que tiren los *slips* en cuanto la goma se empieza a retorcer. De hecho, un buen consejo para ellos en un libro de seducción para hombres podría ser: «No rascarse el culo con las llaves porque se rompen los pantalones y se ve el agujero de los calzoncillos».

Usa el poder de tu voz. Haz que tu voz cante y seduzca, susúrrale, entona de diversas maneras... No permitas que tu voz suene nunca estridente, habla de forma reposada y vocalizando bien. La idea es que le acaricies con ella... No subestimes nunca el poder de la voz para seducir, sugerir y jugar...

Debes tener un mandamiento en esta vida: «La información es poder». Por lo tanto, recaba información sobre tu futuro seducido antes de quedar con él: sus gustos, sus aficiones, sus vivencias y todo lo que puedas. Busca también los puntos en común que tengas con él y déjaselos caer poco a poco para que vea que estáis *predestinados*. Si no te ha dado tiempo de informarte sobre sus características o no has tenido oportunidad, pregúntale. Nada de preguntas comprometidas, pero sí cuestiones generales sobre sus aficiones o su trabajo y, a medida que te vaya dando pie, indaga en los detalles. Sin agobiarle ni agobiarte, también puedes lanzar al aire una pregunta comprometida con una gran sonrisa... Si ves que no le cae bien, ríete y dile: «¡Es una bromaaaaaaa!».

Disfruta de su ambiente. No temas jamás mezclarte con su gente. Evidentemente, sus amigas (celosas ellas) no podrán soportarte y pensarán, salvo encantadoras excepciones, que eres una bruja que va a robarles a su amigo, pero esto no tiene que ser obstáculo para ti, tanto si quieres robárselo como si se lo vas a coger prestado un ratito. En una reunión con la gente de su trabajo, plantea cuestiones clave. Seguramente no tienes ni idea de la enseñanza, pero sí puedes ser la estrella de la fiesta simplemente haciendo las preguntas adecuadas y escuchando cortésmente las contestaciones. Por ejemplo, si él es profesor puedes preguntar a sus colegas profesores por las asignaturas que dan, si notan diferencia de nivel a medida que pasan los cursos o en qué afecta la nueva ley al sistema educativo. Son preguntas generales que pueden dar pie a que te cuenten cosas interesantes y se explayen y les seas simpática simplemente por saber escuchar y, además, también te darán claves para preguntarles más y profundizar en el tema. Piensa siempre que el tema favorito de cada persona es uno mismo, si les preguntas con genuino interés y con naturalidad estarán todos encantados.

Un consejo para una auténtica chica mala segura de sí misma: que no te pesen los silencios. Son normales en una conversación entre dos, pero si te angustias y buscas desesperadamente encontrar un tema de conversación seguramente hablarás más de la cuenta. Haz que sea él el que se devane los sesos pensando algo qué decir y sitúate siempre en un plano de tranquilidad. Recuerda que eres tú la que lo está juzgando a él y no al revés. Una chica mala sabe usar los silencios a su favor, mira directamente a los ojos a su seducido y sonríe... Mantén la mirada el tiempo suficiente como para turbarle y luego desvíala. Tampoco se trata de asustarle.

No te vuelques sobre él aunque te guste mucho. Reserva una (gran) parte de ti para futuras citas y conserva un cierto aire de misterio para que él siga teniendo ganas de verte.

Ante todo calma, incluso en el caso de que metas la pata, te caigas o digas una tontería, conserva la tranquilidad y ríete. Nadie te va a juzgar por un sólo hecho, especialmente si se trata de un hombre al que le gustas. Y, otro consejo: pregunta siempre tus dudas. Más vale quedar como una ignorante durante un segundo que serlo durante toda la vida.

No tienes por qué saberlo todo sobre todo, pero no te iría mal tener una cierta cultura general e interesarte por algunos temas para tener de qué hablar. Porque, por muy maravillosos que tengas los ojos, nadie va a estar mirándotelos todo el tiempo. Una chica mala es curiosa por naturaleza y toca y juega con todo tipo de temas, pregunta, corre, viaja, se mueve, crea, sueña, comparte, lee, se informa, es inquieta...

Si sales de caza no tiene que notársete que sales de caza. Nada de minifaldas de vértigo combinadas con taconazos y escotes voluptuosos. Mejor la naturalidad matizada: realza tu pecho con un escote más pronunciado de lo normal, pero usa tejanos u otros pantalones informales (que no informes ni uniformes) o un cinturón ancho que marque tus caderas con una camisa de lo más normal o una minifalda con una camiseta sport. Algo que llame la atención de forma tan sutil como poderosa pero que no haga evidente que estás husmeando el territorio en busca de presas.

**En el bar.** No vayas de pobrecita en las discotecas o en los bares de copas. Sal vestida de casa como si ya tuvieras una cita, no como si fueras una depredadora. No puedes salir a ligar con una panda de amigas porque puede que no se acerque nadie.

La mejor opción es sola —si tienes el grado de autoconfianza suficiente— o acompañada de una amiga de similares características pero que, por si las moscas, tenga un gusto por los hombres diametralmente opuesto al tuyo. Si vas con una amiga contarás con apoyo logístico, pero si vas sola darás la impresión de mayor seguridad en ti misma e independencia.

Si quieres que los hombres se acerquen y ligar seguro, pide para beber algo fuerte (pero no pierdas el control de cuántos bebes), los hombres tienen la idea de que las mujeres que beben son más fáciles de engatusar. Aprovecha esta creencia a tu favor y engatúsales tú a ellos. Lo más patético que he visto nunca en intentos de emborrachar, fueron cuatro tipos que querían emborracharnos a una amiga mía y a mí con una botellita de ron tamaño mini... ¡Bueno, quizá con media docena para cada una hubieran conseguido algún resultado! Como que nos cayéramos redondas al suelo, pero jamás en sus camas...

Desde luego, nunca salgas a ligar acompañada de un chico, aunque sea tu mejor amigo homosexual por más señas. Te los espantará a todos. Lo mismo vale para tu manada de amigas hiperdivertidas y megasalvajes, ningún hombre se atreverá a acercarse, ¿quién se va a arriesgar a que os riáis de él en cuanto os dé la espalda o, peor aún, cuando todavía no se haya girado, en su cara?

Debes ponerte en el bar con gran aplomo. Puedes llevar un libro (algo divertido, nada intelectual), un periódico y dejarlo abierto en algún punto estratégico, un cómic (si entiendes de cómics puede ser una buena baza, a los hombres siempre les han chiflado más que a nosotras)... Algo que te pueda dar pie a entablar una conversación. Pero ni se te ocurra ponerte a leer, que los espantas.

Si el local te ofrece posibilidades, muévete: baila y luce tu hermoso cuerpo o juega al futbolín, billar u otros juegos similares que te permitirán coquetear y rivalizar con tus oponentes a partes iguales. Los hombres son capaces de cualquier cosa por ligar; recuerdo una vez que a una amiga y a mí nos cogió el punto de jugar a una variante del billar. Se trataba del billar ecuatoriano y su premisa básica era que, para tirar, había que poner un pie encima de la mesa del billar y pasar el taco por debajo. Excepto esta norma inamovible, todo el resto cambiaba a nuestro antojo a la voz de «El Billar ecuatoriano *dise...*». Dos hombres trajeados, a los que les gustábamos bastante, quisieron arriesgarse a ligarnos y se tragaron dos partidas enteras de billar ecuatoriano y risa, mayormente a su costa. Estuvieron a punto de caerse, partirse una pierna y ahorcarse al pisar su propia corbata pero aguantaron como jabatos.

Tampoco hace falta que tus primeras palabras sean memorables. Recuerdo un cenutrio que, al verme bailar, intentó hacerse el simpático y me dijo, pensando que hacía la gran frase: «¿Lo tuyo con el baile es de nacimiento o es que tuviste un accidente de pequeñita?». Bueno, no me parece la mejor forma de simpatizar con nadie y no creo que este hombre coseche muchos éxitos.

Un buen inicio puede ser decirle que le invitas a una copa. Recuerda, las chicas malas no esperan a que las cosas ocurran, toman la iniciativa o tejen sus hilos en la sombra y aguardan los resultados. Si él te invita a una copa debes aceptar, ya sabes lo que pensamos las chicas malas de las buenas iniciativas de los hombres: jamás hay que cortárselas.

Si hay una conversación previa te será más fácil introducirte. Imagina, por ejemplo, que hay dos hombres hablando y uno le hace una pregunta a otro. Si sabes la respuesta, es tu gran momento. Respóndeles con una gran sonrisa.

Formas de ligar hay muchas. Una vez con una amiga ligamos con dos chicos estupendos porque unimos varias pajitas y nos empezamos a beber sus copas desde la distancia... Se rieron muchísimo y fue una noche estupenda... Pero eso es otra historia y la contaré en otra ocasión.

Hacer alguna locura divertida puede ser tu tarjeta de presentación. Como ya he insinuado antes, los hombres, en general, no quieren que sus novias llamen la atención por su descaro y su desenvoltura y odian las extravagancias en sus mujeres formales, sin embargo, están encantados con las locuras de sus ligues y de sus presas. Bailar alocada y desmelenadamente con tu amiga también puede ser una invitación a que vengan a ti.

Pero, sobre todo, no dudes, no esperes que venga, si un chico te gusta, acércate tú. Simplemente puedes sonreírle y bailarle un poco y decirle hola e iniciar una conversación trivial sobre música, cine o cualquier otro tema de ocio que no te comprometa a nada. Si prefieres que sea él quien se acerque, mírale, desvía la mirada y vuelve a mirarle. Nada de mirar muy fijamente porque sólo lograrás parecer un búho o una psicópata acosadora. Pero tampoco seas demasiado discreta mirando porque ni se enterará.

¿Trucos para acercarse? Los de siempre. Pedir a su lado en la barra, tropezar con él cuando vas al servicio, pedirle fuego o un cigarrillo, preguntarle algo a saco, preguntarle si tiene una hermana que se llama Ana... De todo... Vale que la mayoría parecen lo que son, excusas, pero si lo que quieres es precisamente que se dé cuenta de que te has fijado en él son perfectamente válidas. Ten presente siempre el principal axioma de una chica mala: eres tú la que le escoge y la que le juzga, nunca al revés. Compórtate como si fueras maravillosa y aunque él no dé muestras de sentirse maravillado, sigue en tus trece. Si tan mal te va, que todo puede ser, porque incluso alguien tan encantador como tú no es infalible y puede que hasta caigas mal a alguien, retírate a tiempo con una gran sonrisa, pero no permitas que este contratiempo —que no fracaso— te arruine la noche.

No seas ansiosa y disfruta de cada momento. Puede que se te escapen hombres a montones en algunas épocas, pero si pareces desesperada e impaciente será peor. Chica mala, la terrible realidad es que si eres selectiva puede ser que hasta tú te pases una temporada en el dique seco pero eso no significa que no puedas disfrutar de buenos momentos.

Una vez estéis hablando, puedes soltar su nombre varias veces para hacerle sentir cómodo. No abuses, bastará con intercalarlo en una pregunta o en una respuesta tres o cuatro veces. «¿A ti qué te parece, Juan?», «¿Te gusta el cine de autor, Luis?», «¿Quieres beber algo más, Pedro?».

Si tienes escrúpulos, pregunta por su estado civil de forma discreta con algo como: «Vivo sola dos calles más allá, ¿y tú?». Quizá descubras que está casado porque te lo diga honradamente, entonces tendrás que decidir qué hacer; aunque también es posible que no te lo diga, en ese caso será exclusivamente su problema. Bueno, como sabes, lo cierto es que las auténticas chicas malas toman sus propias decisiones y, si quieren algo de verdad, tampoco reparan en si su oponente está casado o no porque consideran que ese es su problema.

# Dime qué bebe... **Y te diré quién es**

- **Agua.** Un tipo con personalidad. Si da muchos botes o le ves la cara desencajada, igual se debe a que se trata de un pastillero.
- **Un refresco** (Coca cola, Fanta de naranja). Obsérvale, si está muy pálido es que anda resacoso. Por lo demás, no deberías tener nada en contra de los hombres que no beben alcohol o que beben poco. Ya va siendo hora de que rompamos estereotipos y prejuicios.
- **Zumo de melocotón o piña.** Bien, un tipo medianamente sano con gusto por lo dulce, puede salirte bien. Si llevas un bote de melocotón en almíbar en el bolso (por algún casual) sácalo a ver qué pasa.
- **Zumo de guayaba** (o cosa rara similar que nunca encuentra en ningún sitio). Bueno, es original, puede ser una buena pieza siempre y cuando no se le vaya la fuerza intentando demostrarte cuán diferente es mediante la palabra y se le olvide actuar.
- **Red bull.** Nada, nada... ¡Menudo brebaje! Tiene tan mal gusto que seguro que ni siquiera le gustas tú (y eso que las dos sabemos que estás y eres estupenda).
- **Cerveza.** Bien, un chico sin complicaciones. Seguramente le gustará el fútbol, el compadreo con sus amigos, el cachondeo fácil y directo... Su gran pega es que puede ser un poco machista, tradicional y acomodadizo. Si eres imaginativa y movidita no te conviene. Junto a él no habrán nunca emociones fuertes.
- **Cerveza de marca rara** importada de dios sabe dónde. Un sibarita. Bebe cerveza pero podría estar bebiendo whisky de malta especial diez años con coletilla de vete tú a saber qué. Puedes descubrir grandes y pequeños placeres a su lado, pero tienes que hacer un cursillo acelerado para *gourmets* (no, no me refiero a que le robes la comida enlatada a tu gato).
- **Cubata.** Bueno, un clásico de siempre. No desborda imaginación, pero seguramente será un tipo bastante normal. Ponle más entusiasmo si bebe ron negro caribeño.
- **Gin tonic.** Un desfasadillo trasnochado. ¿Quién bebe Gin tonic a estas alturas? Ligátelo si quieres convertirte en una momia.
- **Güisqui con hielo.** Un tipo maduro, con posibilidades económicas y seguro de sí mismo. Si tiene pinta de interesante, abórdale.
- **Güisqui sin hielo.** Tipo aún más duro. Igual se está intentando tirar el pegote, obsérvale qué cara pone cuando bebe, si pone cara de asco o de pasmo es

que va de pose. Inmediatamente después de que pegue un trago pregúntale algo, si te responde con la voz de la niña del exorcista es que no se ha bebido un güisqui en su vida pero pretende ir de interesante.

- **Menta.** ¡Puajjj! Un tipo empalagoso, dulzón y detestable. Olvídale.
- **Un chupito.** Un hombre de hoy en día, actual y decidido. No le gustan las cosas complicadas y está acostumbrado a ir directo al grano. Puede darte buen resultado, pero su gran peligro es que puede que sea demasiado impaciente.

## Una dosis extra de maldad: ser *la otra*

Si te gusta jugar sin compromisos, también puedes plantearte ser la amante. Para algunas mujeres, ser *la otra* es el estado ideal: nada de malas caras ni de problemas y, sin embargo, un montón de buenos ratos, risas y caprichos. Sin embargo, también tiene su precio: nada de fiestas juntos, nada de Navidades, nada de vacaciones y, normalmente, nada de fines de semana juntos —aunque eso, según su habilidad para mentir se puede arreglar.

En este libro tampoco vamos a juzgar a las *otras*. Me pregunto por qué son siempre ellas las malas si, al fin y al cabo, es el hombre quien debería cuidar de su matrimonio y ser fiel como prometió. En todo caso, el malo es él. Eso en el supuesto caso de que hubiera un malo.

Si vas a ser la *otra* tienes vía libre para disfrutar, apasionarte y hasta enamorarte, pero no para intentar cazarlo y convertirte en la *una*. Seguramente, dentro de un tiempo tú serás la engañada y la insatisfecha. Mejor mantén tu posesividad en estado latente y disfruta lo que tienes (que no es poco). Si juegas bien tus cartas él se desvivirá por ti: a tu lado tiene aventura, sexo fresco y alocado, comprensión, cariño, ternura... Todo eso que su mujer ya no le da, vete tú a saber por qué —quizá porque él no es tan inocente y bueno como quiere hacerte creer, pero eso a ti te da igual porque tú eres la *otra*.

El cuento más traído y llevado de los hombres que engañan a sus mujeres es: «Ella no me comprende». Bueno, compadécete de él lo justo, arrópale y sigue con lo tuyo que es disfrutar de la relación sin complicarte la vida. No digo que no te enamores, insisto, pero sí que tengas claro que nunca te lo vas a quedar a tiempo completo. Primero porque, seguramente, él no se dejará, ya que en el fondo está en su concha resguardadito con su mujer, y segundo porque, aunque se dejara, lo estropearías.

Si vives sola y compartes con él algunos momentos, siempre puedes encerrarte en tu mundo y desconectar. No tienes por qué aguantarlo cuando estás mal. Al contrario, incluso puedes tener ganas de verle cuando estás en baja forma porque te reconfortará en lugar de echarte en cara cosas como hace con su mujer. Estará encantado de mimarte sobre todo si le respondes enseguida y te pones de buen humor, lo que, entre nosotras, ante tanto despliegue de mimos e interés, no te será difícil.

Un hombre casado harto de su esposa suele ser agradecido porque le das cosas que él ya ni siquiera recordaba que existían. Bueno, eso en el caso de que sea un primerizo en el engaño o se haya enamorado de ti a pesar de que tenga cierta experiencia en eso de la infidelidad. Pero, no te confundas, en cuanto te lo quedes a tiempo completo se convertirá en lo que era para su esposa y, peor aún, se buscará a otra para que interprete el lucido papel que tú desempeñabas antes.

Bueno, si eres la amante no puedes hacer nada para que él pase las fechas señaladas contigo, pero sí para que se la juegue en determinados momentos. Tu baza es que si él te quiere de verdad, tenderá a sentirse culpable por tener que salir huyendo en determinados momentos y, también, se sentirá mal por tener que dejarte cuando mejor se encuentra a tu lado. Podrás conseguir, de esta forma, alguna noche de escaqueo o algún fin de semana en el que él invente alguna excusa francamente increíble para poder estar contigo.

Seguramente su mujer no estará por la labor de descubrirle porque ella tendrá su vida. Y si lo descubre, y tú por tu cuenta has descubierto que es el hombre de tus sueños, no hay mal que por bien no venga: entonces será tuyo. Vale, aceptemos que la posesividad es un grado y es sumamente tentador pasar más y más tiempo con él, pero aún así, si ya puedes tenerlo disponible para ti cuando lo necesites sin límite de horarios ni de fiestas, no te lo quedes del todo. Es decir, no te vayas a vivir con él, porque entonces tu relación con él se convertirá en un infierno. Sí, insisto e insisto, chica mala.

Bueno, estas consideraciones valen en el caso de que no haya niños por medio; en caso contrario, su disponibilidad y capacidad de escaqueo serán seguramente menores y, por si fuera poco, seguro que no querrá dejar a su mujer. Pero, insisto, aprende a disfrutar de las cosas buenas de esta relación, enamórate como una loca si quieres y programa miles de actividades para cuando no puedas estar con él, entre otras, por supuesto, ligarte a otros y salir con ellos... Él no puede pedirte exclusividad, puesto que no puede dártela y, además, tampoco tiene disponibilidad las veinticuatro horas del día; por lo que tendrá que aguantarse con lo que haya. Si intenta coartar tu libertad ponle en su sitio. Y si tan grave es, déjale: las verdaderas chicas malas saben cuando decir basta y no se dejan atrapar por relaciones destructivas.

Una ventaja importante de ser *la otra*: él vendrá siempre planchadito y afeitadito. No tendrás que preocuparte de su ropa, ni de alimentarlo cada día, ni de hacerle la compra... Bueno, desde luego no te recomiendo que le planches *nunca* una camisa —es una pésima decisión—, pero sí puedes cocinar para él y, mejor aún, invitarle a que él cocine para ti. Hazle tu cómplice, invítale a que haga cosas nuevas...

## Esquivar pesados e impresentables

Hay varios tipos de hombres a quienes no te interesa ni siquiera tratar superficialmente. Serían unos novios horrendos, pero también ligues problemáticos. Los puedes reconocer por algunas de sus frases importantes:

■ **«En cuanto te vi, supe que eras la mujer de mi vida!».** ¡Peligro! Los flechazos no funcionan así. Este hombre o tiene mucha cara y quiere ligar al precio que sea con la primera que se le ponga a tiro y le convenza un poco, o bien está como una cabra. Si te empieza a seguir por la calle y te para porque se ha quedado prendado de tu belleza, sal huyendo. Recuerda: cuando un desconocido te regala flores no es impulso, es locura, por mucho que digan los anuncios.

■ **«Los preservativos me producen alergia.»** («O me aprietan», o cualquier otra excusa parecida). Bueno, si no los usa contigo tampoco los usará con otras, así que puede contagiarte de todo.

■ **«No puedes dejarme así, voy a coger un dolor de huevos...»** o «Eres una estrecha.» ¡Menudo egoísta! Una chica mala *jamás* se deja presionar con este tipo de argumentos. Tú pones los límites y juzgas. No debes hacer las cosas (o dejar de hacerlas) por lo que piensen los demás, sino por lo que piensas tú. Si ese hombre te acusa de «poco moderna» o de «estrecha» es su problema. No te dejes arrastrar por ese deseo (estúpido) que nos han imbuido de pequeñas a las mujeres de querer quedar bien con todo el mundo.

■ **«Pero chica, ¿a ti que te cuesta?»** ¡Será posible semejante pedigüeño! ¿Dónde tiene la dignidad? Tú ligas hombres, no gusanos. Y, además, los escoges a tu gusto.

■ **«Yo tengo las chicas así»** (con gesto indicativo tipo italiano). «Yo tengo todas las mujeres que quiero», etcétera Pues que se vaya con ellas. Un gallito muerto de hambre... Hala... ¡Qué desfile!

■ **«Voy a dar más libertad a mi mujer** (o a mi novia o a mi hermana), le voy a hacer la cocina más grande.» Bueno, quizá sea una broma entre amigos, pero piensa que cuando un tío hace una broma de este calibre es porque tiene un sustrato machista horroroso en su interior. No te conviene ni de ligue. También son horrorosos los comentarios tipo: «Todas las mujeres son unas brujas excepto mi madre y mi hermana.» (machista asegurado).

■ **«Si me eres infiel, te mato.»** Seguramente no estarás ante un psicópata asesino, pero sí ante un celoso en potencia. Pon tierra de por medio.

■ **«Nadie me comprende.»** ¡Vaya, otro raro! Una cierta dosis de extravagancia y originalidad puede estar bien, pero un individuo así seguro que es más raro que un perro verde y muy exigente, por eso no le comprende nadie.

■ **«Te voy a hacer la mujer más feliz del mundo.»** Socorro, seguro que éste no tiene ni idea de lo que es una cama y de lo que se puede hacer en ella, por no hablar de otros lugares y de la anatomía femenina...

■ **«Lo que tienes que hacer...»** o «Yo no es que entienda mucho de este tema pero...» «Déjame, que yo sé mucho de eso.» Estás sin duda ante un plasta que dirigirá tu vida en cuanto tenga ocasión (o cuando bajes un poco la guardia). Te criticará sin compasión.

■ **«Yo creo», «Yo pienso», «Cuando Yo», «Yo, Yo, Yo».** Si este hombre dice más de tres yo cada siete palabras, es un egocéntrico de cuidado.

■ **«Ajá», «Ajá», «Ajá».** Sobre todo si lo dice con aire distraído. Si quieres comprobar si te escucha cuando hablas dile algo así como: «Esta tarde voy a subir al K2 con un trineo» o, más bestia, «Esta tarde voy a subir en bolas al K2». Si te contesta

«Ajá» es que no te escucha nada... Tú misma, igual lo quieres para otra cosa para la que no es necesario que te escuche.

▪ **«Este modelo de coche** (teléfono, calculadora, caja registradora, agenda electrónica, despertador etcétera) el TT2932 salió muy mal.» ¡Vaya, un listillo! Seguro que tiene opinión propia (e irrefutable) sobre todo tipo de temas.

▪ **«La raíz del problema proviene** de un cierto estímulo vegetativo producido en una zona inconexa del cerebro que fue descubierta hace veinte años por un físico llamado Henry Sintonnison.» ¡Bufff!, ¡menudo rollero!

▪ **«¡Menuda tontería!» «¿Cómo es posible que hayas dicho una tontería así?»**, o similares. Un hombre que no duda en dejarte en ridículo delante de alguien y decirte una grosería semejante no merece ni ir a tu lado de florero.

▪ **«Esto a mí no me hubiera pasado en la vida.»** Seguramente no, pero lo que sí le va a pasar es que lo vas a dejar plantado *ipso facto*.

▪ **«Mi ex novia era preciosa»**, «mi ex novia bailaba salsa como nadie», «mi ex novia bla bla bla». Vaya... La saca a colación a cada instante, ¿también la meterá en la cama con vosotros en cuanto tenga oportunidad?

▪ **«No puedo quedar hoy, tengo que cerrar la contabilidad de toda mi empresa».** ¡Uys! ¡Qué mal pinta eso! Si tiene que trabajar, más bien suena a que tiene que barrer todo el suelo de la empresa para la que trabaja. Y si no tiene que trabajar, es que te la está dando con queso, bonita. Atención a excusas del calibre: «tengo mucho trabajo», «tengo que llevar el coche al taller» y cosas parecidas. Si se repiten pueden dar a entender que cualquier cosa es más importante que tú para él.

# La discreción necesaria

- **Nunca caces dos hombres** en el mismo sitio.

- **Procura no ligar en sitios** en los que te conozca todo el mundo. Cambia de ambientes frecuentemente.

- **Apúntate a cursillos.** Pueden ser un buen sitio para conocer gente y como los cursillos y sus gentes se renuevan periódicamente no te dará tiempo a crearte fama de nada. Revisa antes de apuntarte, las listas de inscritos para asegurarte de que hay suficientes hombres.

- **No dejes que te den besos** o te toquen en público en tu barrio o en algún lugar que frecuentes.

- **Si se encuentran dos de tus *novios* contigo a la vez,** preséntales sin señalarles: «Mi novio, mi primo». Con un poco de suerte los dos pensarán que son los novios cuando en realidad los dos son unos *primos*. Si la treta no da resultado, sonríe, no digas nada y vete con cualquier excusa con uno de ellos. Luego intenta darles explicaciones en privado (a veces funciona).

- **No des el número de tu teléfono fijo,** para eso tienes un móvil.

- **Si te agobian** los ex amantes o los ligues despechados, cambia de móvil.

- **Si vas a su casa** y no te apetece volverlo a ver, desaparece antes del desayuno.

- **Si conoces al chico** y ha sido un desliz de una noche, que no quieres que se repita, dile que ha sido estupendo —especialmente en el caso de que no quieras perderle del todo— pero que no quieres repetir porque no quieres perder su amistad.

■ **Si crees que te vas a hacer un lío** con los nombres tienes dos opciones: que todos tus hombres tengan el mismo nombre o llamarles cariño.

■ **No te embarques en largas charlas** sobre los hombres y ten especial cuidado de no mencionar frecuentemente ningún nombre masculino delante de tu chico del momento, sobre todo si tienes más de uno (aunque se llamen igual, seguramente no se tragará que es suya esa anécdota graciosa que no recuerda y que has empezado a contar diciendo «El otro día Pepe casi me hizo morir de la risa»).

■ **No alardees de tu experiencia** ni con tus hombres ni con los que te rodean.

■ **Si has metido la pata** y has tenido una aventura con un compañero de trabajo, asegúrate a ti misma que jamás se volverá a repetir y luego hazle saber de forma sutil, pero expeditiva, que sería horrible tanto para él como para ti que se supiera.

■ **No confieses jamás tus aventuras** a tus otros novios, ligues o lo que sea, aunque te presionen. Niégalo siempre todo.

■ **Si te has enrollado con un amigo** y no quieres perderle, abrázalo tiernamente en cuanto os despertéis, dale un beso en la mejilla y dile que ha sido precioso pero que no quieres seguir por ese camino y que no se repetirá porque no quieres perder su amistad. Si es un amigo de verdad lo entenderá. Procura no meter la pata con él otra vez.

# La conquista final

## Las mentiras de los hombres

Ahora te paso una lista de mentiras masculinas que pueden servirte para conocerlos mejor. Algunas de ellas van dirigidas a ellos mismos porque no pueden soportar su fracaso, su falta de iniciativa o sus limitaciones. Una maldad: podéis hacer vuestra propia lista de mentiras con una amiga, numerarlas e ir soltando en cuanto las oigáis o las digáis: *Número 15, Número 14...* Puede servir para que la otra, si está un poco despistada, vea la clase de individuo que tiene delante o bien para que os riáis un rato. O ambas cosas.

En esta lista hay de todo: desde mentiras de estudiantes a mentiras de hombres hechos y derechos pasando por mentiras que no tienen edad. En los apartados siguientes las clasifico según el destinatario y las comento brevemente. Al final de este apartado tienes la lista (casi) completa de mentiras masculinas.

■ **Mentiras dirigidas a uno mismo:** 1, 5, 8, 11, 20. Son poco operativas, tenlas identificadas para saber de qué pie cojea tu chico y, también, para no verte atrapada tú en tus propias limitaciones.

■ **Mentiras dirigidas a las novias:** 2, 3, 4, 10, 12, 13, 17, 18, 19, 24, 25, 26, 27, 28, 29, 31, 33, 34, 35, 37, 38, 39, 40, 41, 32, 43, 44. Estas pueden ser útiles porque también las puedes usar tú, especialmente esas frases históricas de «Justo en este

momento estaba pensando en ti» (13), «Ponlo tú que mañana te lo pago» (10) (o mejor aún «¿Tienes suelto?») Es
encantador eso de «Me gustaste la primera vez que te vi»
(17), si él tiene un momento tierno dale el gusto de decírselo mientras le acaricias suavemente el pelo...

Lo de «Te queda muy bien» (18) es terreno espinoso, sobre
todo si se trata de algo que tú crees que es demasiado conser-
vador o quico, seguro que es así y él está encantado de que
vayas mucho más tapadita de lo normal. Conozco un montón
de chicas de todas las edades a las que sus novios —con su tendencia hereditaria a ser celosos— les dicen cuando se ven
espléndidas con sus minifaldas o sus escotes: «Ya no tienes
edad para llevar eso» o «Esto ya no te queda bien». El siguiente paso será, en el caso de que lleguéis a vivir juntos, decir una
frase tan horrorosa como: «Esto no está bien para una mujer
casada (o con pareja)». Ten cuidado, ponle coto rápidamente
y si no lo consigues, ¡sal corriendo!

La 19 («Te juro que no se lo voy a contar a nadie») también
es sospechosilla. Una mentira maravillosa que te puede ayudar
a romper definitivamente con él es la 41 («Aunque lo hemos
dejado seguiremos siendo amigos»). Dísela para que la ruptura no sea muy traumática, pero luego tú a lo tuyo y, si no quieres, ni siquiera descuelgues el teléfono.

Ten cuidado especialmente con eso de «Llámame en cinco
minutos, estoy en una reunión» (27). Si es cierto y le interesas,
te tendría que llamar él. Y, desde luego, si vuelves a llamar y
no está, olvídate.

Y cuando pierde tu número de teléfono o la dirección de tu
correo electrónico (35) es que, definitivamente, algo anda muy
muy mal.

Afirmaciones como «Yo y mi ex somos amiguísimos» (38) o
«Cuando me case no miraré a otra» (39) que, evidentemente,
oirás de refilón en una conversación en la que no participas,
deberían disparar todas tus alarmas.

Patética la mentira 40 «Te querré siempre». Si es cuando estáis juntos, puede ocultar algo y si te lo dice cuando le acabas de dejar, su objetivo es que te sientas culpable y tardes un buen tiempo en encontrar otro... No permitas que domine tu vida desde la distancia: cuando tengas una oportunidad que te interese, aprovéchala.

Y, por último, dos frases masculinas por excelencia: «No vengo mucho a este bar» (43) y «Lo siento, no me había pasado nunca (44). En el primer caso tiene carné de socio ligón del bar y en el segundo caso, de lo que tiene carné es de impotente atroz o de eyaculador precoz.

■ **Mentiras dirigidas a los amigos:** 6, 14, 21, 22, 36, 37. El «Sólo somos amigos» (14) es algo que tú deberías poner en práctica sin ningún problema, tanto si se trata de que no quieres dar explicaciones de tu relación o si, como hacen ellos, te interesa tener un rollete seguro pero sin complicaciones. Chica mala, tienes que tener algo muy claro: ellos nos acusan ahora de imitarles y de tomar lo peor del carácter masculino porque les interesa mantener su estatus. Vamos a ver, sinceramente, ¿cuántos hombres crees que se preocuparían de si hieren los sentimientos de una «amiga con derecho a roce» si siguen acostándose con ella? Pues muy pocas excepciones y no sé si añadir el calificativo «honrosas». Entonces, si te gusta un chico pero no quieres nada serio, ¡adelante!, sólo tienes que dejar bien claro que «sólo sois algo más que amigos» o «sólo amigos». Tu misión no es salvar al mundo, que se preocupe él de su integridad mental igual como tú llevas años preocupándote de la tuya. ¡Vive! ¡Disfruta! ¡Y sé mala! (Te lo diré siempre).

La mentira 36 (Yo cuido a tu chica) es un clásico. Claro que va a cuidarla, todo lo cerca que ella quiera... Pero tendríamos que hacer algo con los hombres y sus ideas sobre nosotras. Pase que a los dieciséis años crean que somos unas palomitas que nos vamos a dejar engañar por el primero que aparezca, pero es que cuando tenemos treinta años siguen pensando lo mismo... Y, realmente, nosotras sabemos que basta con decir «no» cuando queremos decir no. Nadie nos va a engañar para que hagamos algo que no queremos hacer y si nos fuerzan, eso ya son palabras mayores... En la misma línea está la mentira 37 «Yo a ella la veo como a una amiga» que también puede servir para aplacar a una novia celosa.

- **Mentiras de supervivencia general:** 9, 16, 23, 30, 32. Es maravilloso eso de «¡Se cayó sólo y se rompió!» (15). Es una variante de los célebres consejos de Homer Simpson para triunfar en la vida: «Yo no he sido», «Ya estaba así cuando llegué», y, por último, en otra línea «Sí, jefe, tiene razón».

## Lista (casi) completa de mentiras

1. Este año sí me pongo a estudiar.
2. No te va doler.
3. Un momento y nos vamos.
4. Justo te iba a llamar ahora.
5. Por mi madre que nunca más vuelvo a beber.
6. ¿Yo? ¿Con esa? ¡Nunca! ¡Ni borracho!
7. El *profe* me tiene manía.
8. Perdimos por el árbitro.
9. Pasé el semáforo en ámbar.
10. Ponlo tú que mañana te lo pago.
11. El día 1 dejo de fumar.
12. Se me perdió tu teléfono.
13. Justo estaba pensando en ti.
14. Sólo somos amigos.
15. Se cayó solo y se rompió.
16. ¡Pero si yo estudié esta vez!
17. Me gustaste desde la primera vez que te vi.
18. ¡Te queda muy bien!
19. Te juro que no se lo voy a contar a nadie.
20. El lunes empiezo la dieta.

21. Sí, salí con ella, pero no pasó nada.
22. ¿Yo? ¿Ir a esos lugares? ¡Nunca!
23. Sí, choqué, pero la culpa la tuvo el otro.
24. ¿Es en serio que *Playboy* tiene una Web?
25. Te estuve llamando, pero comunicaba.
26. Jamás te olvidaré.
27. Llámame en cinco minutos que estoy en una reunión.
28. Mis ojos están rojos porque estoy resfriado.
29. Es la puntita nada más, mi amor.
30. A uno de mi pueblo también le pasó.
31. No escuché cuando sonó el móvil, debe ser que me quedé dormido.
32. Hola, ¿papá? Que me quedo a dormir en casa de un amigo.
33. Mañana te traigo tus CD's...
34. Dame tiempo... tengo que aclarar mis ideas.
35. Se me perdió tu correo, a ver, dámelo.
36. Ve con calma, yo te cuido a tu chica.
37. Yo a ella la veo como a una amiga.
38. Yo y mi ex ahora somos amiguísimos.
39. Cuando me case nunca más voy a mirar a otra.
40. Te querré siempre.
41. Aunque lo hemos dejado seguiremos siendo amigos.
42. El médico quería que yo siguiera de baja.
43. Yo tampoco vengo mucho a este bar.
44. Lo siento no me había pasado nunca.

## Errores femeninos en el último ataque

Instalarte en su piso sin invitación previa. Seguro que tú odiarías que hiciera lo mismo en tu casa. Por cierto, si pasáis los fines de semana en tu casa, defiende tu territorio con uñas y dientes.

Por mucho que te parezca una conquista suave y escalonada, no pongas tu ropa interior en sus cajones, ni tu cepillo de dientes junto al suyo... ni nada parecido. En lo que se refiere a tu casa, no le compres unas zapatillas ni un batín porque puede parecer que quieres raptarlo... Tampoco te dejes raptar en su casa si no quieres. Porque hasta ahora se ha hablado mucho de las mujeres que quieren cazar a los hombres, pero desde hace un tiempo cada vez hay más hombres que quieren cazar a mujeres y, debido al fenómeno de las *felices single* se estrellan.

Llamarle con demasiada frecuencia o exigir que te llame cada dos por tres y pegarle la gran bronca si no lo hace. También es un error no llamarle nunca. Si estáis ya en un estado avanzado de la relación y él te ha llamado, no puedes tardar más de 24 horas en devolverle la llamada.

Intentar cambiar sus costumbres, imponiéndole, por ejemplo, que desayune con cereales como tú, que deje de beber cerveza para comer o que se siente a tu lado para ver un programa de cotilleos. Lucha (en el buen sentido de la palabra) por las cosas que realmente merecen la pena, como ir a ver también las películas que a ti te interesan cuando vayáis juntos al cine o que cada uno escoja un destino de vacaciones por turno, y ve tú sola a esos sitios que tanto le desagradan —hasta el punto de que le ponen los pelos de punta— y déjale con sus pequeñas manías inofensivas. Que él haga otro tanto contigo y no se meta con tus pequeñas costumbres aunque le parezcan equivocadas.

Dejar que te convenza de que el matrimonio es un simple trámite o una formalidad. Si no quiere casarse, es que está esperando una oportunidad mejor...

Proponerle ir a una terapia de pareja para descubrir por qué no quiere comprometerse.

Relajarse y abandonarse. Nada de ir hecha un asco con un chándal viejo por casa, despeinada y con los pelos de las piernas de punta.

Confesar que estás herida o dolida porque vuestra relación no avanza.

Permitir que él se relaje y vaya hecho unos zorros por la casa.

## El miedo al compromiso

Paradójicamente, él puede dar un paso atrás (o dos o tres) después de unas vacaciones divertidísimas, tras un fin de semana perfecto, después de que le presentes a sus padres y todo vaya estupendamente (al fin y al cabo fue él quien insistió en conocerles...)

Parece que da un gran paso, pero tiene tanto miedo que huye...

De hecho, los matrimonios en España son cada vez menos frecuentes: 40 de cada cien ciudadanos en edad casadera no han pasado por la vicaría ni por el juzgado. Además, parece ser que nosotras aprendemos mejor la lección, pues hay 38 mil mujeres divorciadas más que hombres.

No se sabe muy bien por qué algunos hombres sienten terror de ser *cazados* aunque se encuentren a gusto con sus parejas. Es como si vivir en pareja significara el fin de su vida, el fin de la diversión, el fin del placer... Y eso que tú no te entrometes en su vida, no te has instalado a pan y cuchillo en su casa, ni lo has secuestrado en la tuya, no te has pasado el mes entero de vacaciones vegetando con él y no le preguntas con quién ni cuándo sale. Y, por supuesto, él también cumple los mismos requisitos.

Si lo vuestro se hace eterno y él no hace signos de avanzar, no le presiones, al contrario, dale más espacio. Vete un fin de semana con una amiga, plantéale que te vas a vivir sola en el caso de que todavía vivas con tus padres o coméntale que te vas a buscar un apartamento mayor si ya vives sola. Además, resérvate más tiempo para ti o incluso apúntate a algún curso para desaparecer y que él note más tu ausencia. Esto debería hacerle reaccionar. Siempre que las cosas estén en un punto límite entre la pareja, sobre todo si el diálogo ya no es posible, el alejamiento puede ser la única solución. Aunque tienes que tener presente que, si él no reacciona, también puede significar la ruptura.

Si esto no funciona, pregúntale directamente si quiere casarse contigo o si quiere vivir contigo, depende de lo que desees. Puede ser que obtengas un no por respuesta, en cuyo caso lo único que te queda por hacer es plegar las velas e irte. Si te lo dice tan claro, no es por miedo al compromiso sino simplemente que, por alguna razón, no te ve como la mujer de su vida. Si ya vivís juntos y quieres casarte pero él no da señales de desearlo o darse por enterado, quizá es el momento de irte a vivir sola aunque sea una temporada. Si ni aún entonces reacciona, no hay nada que hacer.

En todo caso, déjale claro que iros a vivir juntos o casaros no es una condena de por vida; que es algo que debéis hacer si los dos queréis y que durará todo el tiempo que los dos estéis de acuerdo. Además, déjale bien claro —y cúmplelo, por el bien de los dos— que no va a cambiar su vida ni va a perder independencia ni tendrá que dejar de ver a sus amigos ni el fútbol ni nada que le importe. Los dos debéis tener claro que os vais a vivir juntos para sumar vuestras experiencias, no para restarlas. Puedes probar a preguntarle sobre sus preocupaciones.

Si por el contrario es él el que quiere casarse y tú no, exponle que no es por una cuestión de falta de compromiso por tu parte sino porque no crees en los papeles, que no cambia nada entre los dos por un papel más o menos, que tu compromiso es evidente porque vives con él y compartes tu vida con él, que claro que te comprometes si al fin y al cabo habéis comprado el piso juntos, si conoces a toda su familia y sus amigos... Suéltale una por una todas las excusas que ellos mismos han urdido y vive a tu aire. O, si no estás segura de que no quieres vivir con él, prueba la historia unos meses a ver qué tal os va.

Si ellos a veces no quieren casarse porque están programados genéticamente —no es una excusa válida, pero debes tener en cuenta que funcionan así— para diseminar su semilla alegremente y les da miedo no poder hacerlo más, nosotras hemos aprendido la lección y no queremos vivir con ellos porque estamos hartas de su machismo recalcitrante.

## Señales de alarma

- **Te hizo una promesa,** te dio un anillo pero nunca más se supo del tema.

- **Vivís juntos pero no hay fecha de boda,** ni tampoco se habla de niños ni de nada parecido. Bueno, puede que estés encantada con esta situación, pero si no lo estás, tienes un problema.

- **Estuvo casado antes** y salió muy escaldado de la relación.

- **Es una cabra loca** y le encanta salir con sus amigos.

- **No siempre puede explicar sus ausencias.** Tiene siempre a mano un montón de excusas.

- **Intenta convencerte siempre** de que todo son imaginaciones tuyas. En el peor de los casos intenta convencerte de que vuestros problemas son por tu actitud cuando resulta que sus estados de ánimos son como un tiovivo.

| Cuando ellos dicen... | quieren decir... |
|---|---|
| Estás muy mona. | Podrías ser más sexy. |
| ¿No vas a tener frío así? | Se te ve todo, es un escándalo. |
| A mí no me pillarán. No me caso ni loco. | Estoy pensando en tener algo serio contigo, pero estoy tan asustado que lo único que se me ocurre es salir huyendo y decir esta majadería. |
| Siempre tendré tiempo para tomar una cerveza con los amigos. | Me temo que voy a vivir secuestrado. Eres tan posesiva... |
| Yo jamás me dejaría manipular por una mujer. | Eres tan lista... Estoy de acuerdo contigo en casi todo. Pero no esperarás que lo reconozca. |

➤

| | |
|---|---|
| Necesito más espacio. | Estoy empezando a pensar que me he equivocado de mujer. |
| Estoy bien con ella, pero... | Tengo un ataque de pánico, ¿seguro que no puedo aspirar a nada mejor? |
| Esperemos un poco, mi vida ahora es tan complicada. | Con un poco de suerte se te pasará la tontería y todo volverá a ser como antes, sin compromisos ni ataduras. |
| Antes de casarme, quiero esperar a estar seguro en el trabajo. | Tengo tanto que hacer antes de casarme y dejar de vivir... |
| Sí, claro que te quiero. | No seas pesada, te quiero pero no voy a estar encima de ti todo el rato. |
| El sexo no es lo más importante en esta vida. | En esta vida quizá no, pero en mi vida definitivamente sí. |
| Realmente el sexo no es lo más importante. | ¡Dios! Sí que lo es, pero soy una nulidad. |
| ¿Te lo has pasado bien? | Dime que sí, dime que sí, dime que sí, dime que nadie te ha hecho gozar como yo, por favor por favor por favor. |

## El matrimonio

Bueno, ha sucedido, te has enamorado, has perdido la cabeza y, a pesar de que sabes que la convivencia es un asco —o puede que ni te lo hayas planteado— decides que vais a vivir juntos y que lo vuestro será diferente. Si tú estás contenta con compartir tu vida con él sin papeles, de acuerdo, adelante. Si no es así o, por el contrario, es él quien quiere casarse y tú no, tenéis un problema. Aunque nada que no pueda resolverse pactando una solución intermedia que os agrade —o por lo menos, que no os disguste demasiado— a los dos.

Podéis negociar una boda sin familia, sin iglesia y sin todos aquellos aditamentos que tanto te fastidian, como las visitas previas a los familiares para entregar la invitación, la lista de bodas, las fotos encorsetadas, el vestido de muñeca boba, enseñar la casa o invitar a toda esa panda de gorrones a cenar después de la boda…

Ahora, si quieres un vestido de Barbie princesa: ¡adelante! Y si deseas una boda tradicional con gran bombo y platillo, pues ¡adelante también! Pero que sea porque los dos lo deseáis realmente.

No te dejes llevar por tradiciones que no van contigo o por el miedo al qué dirán y planea una boda a tu medida. Al fin y al cabo, uno de los placeres de las bodas es criticar la organización, así que sé transgresora y haz que te critiquen a gusto.

## Puntos divertidos **de ligar**

### El matrimonio según las leyes de Murphy

- La duración de un matrimonio es inversamente proporcional a la cantidad gastada en la boda.
- En el amor, la mujer nunca consigue lo que espera y el hombre nunca espera lo que consigue.
- El que ronca es el que se duerme primero.

### Sobre los maridos:

- *Primera ley:* La primera vez que salga a la calle después del cumpleaños de su esposa, verá el regalo que le compró con un descuento del 50 %. Corolario: Si ella va con usted, dará por sentado que lo compró porque era muy barato.
- *Segunda ley:* Los regalos que usted le compra a su esposa nunca son tan aparentes como los que su vecino le compra a la suya.
- *Tercera ley:* Los cachivaches que atesora su esposa, siempre estarán colocados encima de los que atesora usted.

**Sobre las esposas:**

- *Primera ley:* Si le pide a su marido que compre cinco cosas en la tienda y luego añade otra más que se le acaba de ocurrir, se le olvidarán dos de las cinco primeras.
- *Segunda ley:* Su marido siempre sale más favorecido en las fotos que le hace usted que usted en las que le hace él.
- *Tercera ley:* Haga la división que haga de las tareas domésticas, a su marido siempre le tocarán las más sencillas.

**La cuestión económica.** Chica mala, sé también una chica lista. Aunque tengáis ingresos similares, no mezcléis todo el dinero. Guarda para tus propios gastos y ahorra una parte, de manera que si la pareja se rompe o surge algún contratiempo, tengas una salida. Todo lo que tengáis en común ponedlo a nombre de los dos y haced testamento el uno a favor del otro. Sé de casos tristísimos de personas que han perdido a sus parejas y, como legalmente no tenían derecho a nada, la parte de él se la ha quedado su exmujer o los padres. Y, peor aún, algunas de estas personas fueron tan inconscientes que incluso no tenían nada a su nombre por lo que fueron directamente a la calle y perdieron todo lo que habían aportado.

Por otro lado, si te casas —no nos engañemos, legalmente sigue siendo la mejor opción y la que te da más derechos— opta por la separación de bienes. El amor es hermoso, inmaterial y etéreo, pero la vida cuesta dinero, y si tu matrimonio fracasa, ¿no querrás convertirte en una indigente?, ¿verdad?

Los niños sean de un matrimonio, una pareja de hecho o una madre soltera tienen los mismos derechos: bajas, permisos, excedencias y reducciones de jornada para la madre y el padre, en el caso de que trabajen; pensiones de manutención cuando la pareja se separa; reducciones fiscales en la declaración de la renta...

¡Ah! Si estáis casados y uno de los dos no trabaja, os sale más a cuenta hacer una declaración de hacienda conjunta.

## Definir los papeles

En una pareja no hay garantías, pero tú deberías ser perspicaz y observar de qué pie cojea el hombre que has escogido. Lo más seguro es que, en mayor o menor medida, tenga unas dosis de machismo. De cómo lo trates durante el noviazgo, dependerá en gran parte que podáis compartir cosas, tomar decisiones juntos y llevar la casa también juntos. Frases como que él *te ayudará* en la casa deberían ponerte los pelos de punta, ya que está dando por sentado que es cosa tuya.

Observa cómo se comporta cuando vais a casa de sus padres: si ni él ni sus hermanos varones ni su padre se levantan para hacer algo: malo. Aún así podrás amaestrarlo para que se comprometa en vuestra casa, pero no cuentes que lo haga cuando esté con su familia, ya que su madre o su hermana se apresurarán a hacer realidad sus deseos o, peor aún, te dirá a ti delante de todo el mundo que vayas a buscar algo (normalmente, para suavizar, será cuando te levantes tú por alguna razón).

No puedes hacer mucho, salvo no levantarte de la mesa para nada cuando estéis en una comida familiar y mantenerle a raya en la convivencia. Y, desde luego, nada de ir recogiendo sus ropas o sus trastos a medida que los vaya soltando; quizá tú seas más ordenada que él y te ponga nerviosa el desorden, pero si él no atiende a razones y no ordena sus cosas, déjalas hasta que formen una gran montaña. Paciencia. Tarde o temprano entrará en razón.

Tampoco permitas que, si él es más ordenado, vaya recogiendo tus cosas: mantén el orden en los espacios comunes.

Otra cosa, no dejes que te ahogue en testosterona. Ellos son mandones por naturaleza, pero tú, con tu buena voluntad y tu tolerancia, no debes permitir que él se imponga sobre ti y empiece a tomar decisiones por los dos. Uno de los ejemplos más horrorosos que me han contado es el de una pareja que acudió a un cirujano plástico para que le implantara a ella unas prótesis de silicona en los pechos. El cirujano le recomendó a la chica, por su constitución y altura, una talla noventa y cinco. Pero él, que

121

había hablado todo el rato en nombre de ella, dijo que quería más, una ciento cinco o una ciento diez, que estaba harto de tocar huesos y quería unos buenos melones. Lamentable... El cirujano, muy en su sitio, le dijo que si quería unos buenos melones que fuera a comprarlos, que él se los implantaba en un momento en las tetillas.

A veces somos demasiado suaves... No le pierdas el respeto nunca, pero si tienes que ponerle en su sitio con una palabra más alta que la otra, no dudes en hacerlo.

La clave para que todo funcione bien es hablar mucho las cosas antes de vivir juntos y durante; que os conozcáis los dos bien, con vuestros defectos y manías, y que quede bien claro qué es importante en la convivencia para cada uno. Y, desde luego, muchas ganas de colaborar por las dos partes, mucha flexibilidad, mucha tolerancia y nada de aposentarse o descuidarse pensando que la presa ya está segura. Puede parecer un tópico, pero una relación debe trabajarse cada día y no puede permitirse dar cosas por supuestas o que se pierda la emoción.

Intenta hablar las cosas con él, pero recuerda, chica mala, que eres una mujer de acción. Si no consigues que él entre en razón, saca tu as de la manga: vete de casa para que se dé cuenta de que no te andas con chiquitas o, mejor aún, arreglártelas para que sea él el que se vaya.

No optes por medidas patéticas como dejar de acostarte con él para presionarle, porque sólo conseguirás que crezca la distancia entre los dos y que, además, lo pueda usar de arma arrojadiza contra ti e, incluso, como excusa para buscarse otra. Recuerda que todo lo que os separa hace que la distancia entre los dos crezca.

## El reparto de tareas

La buena noticia es que los hombres son obedientes. Cuando les pides algo, preferiblemente con un «por favor» para evitar que se sientan mandados, suelen obedecer. Pero tienen un problema y es que lo interpretan todo literalmente: si le dices que friegue el suelo, lo más seguro es que no se le ocurra barrerlo primero, y si le pides que ponga una lavadora, se limitará a echar la ropa que encuentre en el cesto, sin pensar que a tu blusa blanca preferida no le gusta mezclarse con el resto de la ropa de color.

Lo que les pasa a los hombres, aparte de que suelen ser más vagos para realizar las labores domésticas, es que no ven las cosas. Para que cambien una sábana tiene que estar ya asquerosita porque su mezcla de vagancia y despiste, más un sentido del olfato peor que el nuestro, no les deja apercibirse antes de la guarrería.

Por eso, si un hombre tiene una iniciativa, no se la cortes jamás. Y si limpia algo, pero no lo deja del todo limpio, no te preocupes: la próxima vez lo hará mejor, sobre todo si no le riñes y le das una excusa para no hacerlo de nuevo o si no le dices que no sirve para nada y tú tienes que hacerlo todo y, acto seguido, efectivamente, lo haces tú todo.

Las chicas malas no se preocupan obsesivamente de la limpieza y orden de su casa, asumen que hay otras muchas cosas mucho más importantes.

Tú mejor baza es que las cosas queden claras entre vosotros desde un buen principio y que él tenga claro que no está ni en casa de su mamá ni en el hotelito Calamar. Pasar fines de semana juntos puede ser un buen entrenamiento para que te des cuenta de qué pie cojea este hombre y le pongas remedio a tiempo.

# Cuándo dar
# marcha atrás

## Relaciones desequilibradas

Un peligro enmascarado al que nos enfrentamos es que tendemos a conectar con personas que nos recuerdan a figuras de
nuestra niñez. Evidentemente, nada puede ser más dañino para
nosotras que enamorarnos de hombres que nos recuerden a
nuestros padres, hermanos o primeros novietes (normalmente
atormentadores y torturadores) y, sin embargo, lo hacemos a
menudo porque esperamos de ellos la misma sensación de seguridad y protección de la que disfrutábamos en los mejores
momentos.

Olvidamos con el tiempo, que los momentos malos eran más
numerosos que los buenos y tendemos a pensar que la sensación
de abrigo espiritual era por la forma de ser de las figuras de
nuestra infancia y no por el simple hecho de que éramos pequeños. Evita identificar las características de los hombres que te
rodearon en el pasado con tu ideal y, sobre todo, con el hombre
que necesitas.

Quizá elijas parejas poco adecuadas para ti de forma repeti-
da. Examina qué falla exactamente y evita en el futuro a este
tipo de hombres. No pienses que se trata de un karma que tienes que pagar ni de la mala suerte que te persigue, sino de un
problema tuyo, ya que estás intentando rescribir el pasado con

alguien que te hizo daño. Si el final no fue feliz la primera vez, tampoco lo será ésta y lo peor de todo es que ni siquiera conseguirás vengarte.

Una relación tóxica se caracteriza por estar profundamente desequilibrada; bien porque uno da mucho más que el otro, o bien porque uno de los dos presenta problemas de comportamiento.

Las chicas malas pueden equivocarse y elegir mal, pero tienen grandes cualidades para salir de los atolladeros en los que se han metido, aunque se trate de una relación tóxica que les está haciendo daño:

No les importa admitir que se han equivocado, ni ante ellas mismas ni ante los que las rodean. Aprenden de sus errores y les intentan poner remedio. Saben cuándo deben decir adiós; no están dispuestas a convertirse en víctimas. No son orgullosas, piden ayuda cuando la necesitan. Y, sobre todo: saben marcharse y emprender una nueva vida. Aunque les duela...

A veces cuesta reconocer que una se ha equivocado y ha caído en una relación destructiva, en parte por orgullo y por las ilusiones perdidas, pero también porque tendemos a disculpar a la persona y a pensar que es fruto de una mala época.

Pero hay actitudes que son inadmisibles. En una pareja no deberían darse situaciones en las que se falte al respeto. Frases como: «Esto va fatal» o «Esto es una mierda» en una pequeña discusión, o insultos y descalificaciones como: «Eres una inútil», deberían hacerte reaccionar. Hay muchos hombres inseguros de sí mismos que no soportan que sus compañeras destaquen en algo, ya sea por su carrera, su físico, su sentido del humor o cualquier otra cosa. Para compensar su propio sentimiento de inferioridad las intentan mantener en un puño y controlan sus vidas. En muchos de estos casos puede que no haya maltrato físico, pero sí psicológico, porque ellos les intentan hacer creer continuamente que no valen nada.

Hay varios tipos de relaciones tóxicas. El *quid* de la cuestión es la desigualdad: los dos miembros de la pareja no aportan lo mismo; uno de los dos intenta controlar al otro, uno quiere más y el otro menos; uno desea una pareja convencional, con fidelidad incluida, y el otro en principio está de acuerdo pero en cuanto se gira el otro se acuesta con otra persona...

También hay hombres que se dejan querer y, aunque no maltraten a sus compañeras, no están por ellas todo lo que deberían. No se esfuerzan en absoluto en la relación. Aparecen y desaparecen de sus vidas, anulan las citas treinta minutos antes de la hora fijada y en general son muy poco atentos y considerados con ellas. Un caso extremo es el de un tío que salía con una amiga mía y que, después de un encuentro sexual en casa de él, no fue capaz de llevarla a su casa a pesar de que ella tenía que coger un tren y había ido a la ciudad de él para que se encontraran.

Quizá en otros casos no es tan evidente que hay un problema, pero ella es quien tira de la relación y quien propone actividades mientras que él se limita a seguir sus pasos, sin mucho entusiasmo, todo hay que decirlo. No las dejan en la estacada y acuden a las citas, pero son tan absolutamente tibios y pasivos que parecen siempre desmotivados. En el fondo, lo suyo es una mezcla de pereza y desapasionamiento.

Por no hablar de aquellos hombres que lo miden todo y que siempre están intentando dilucidar quién ha puesto más en la relación. Tampoco son relaciones sanas. Vale que nadie se tiene que aprovechar de nadie, pero quizá un día uno ponga mucho más y otro día lo ponga el otro, lo que hay que mirar es el conjunto y si los dos miembros de la pareja son felices o no.

## Señales de alarma

Cualquiera de estas señales, por sí sola, debería bastar para que te plantearas muy seriamente si la relación vale la pena e, incluso, para que la dejaras antes de que fuera demasiado tarde:

- **Él te ridiculiza** en público.
- **No te deja** ver a tus amigos.
- **Te pone obstáculos** para que veas a tu familia.
- **Se queja continuamente** de todo lo que haces.
- **Todo lo que haces** le parece mal.
- **Cuando le cuentas un logro tuyo,** sonríe con suficiencia, se hace el indiferente y da a entender que es una nimiedad.
- **Cuando le explicas algún contratiempo** asegura que esto a él no le hubiera pasado.
- **Te cuenta todos sus problemas,** pero cuando te toca a ti está cansado para escucharte.
- **Se enfurece** por tonterías.
- **Anda por delante de ti** por la calle o no te indica cuando va a cruzar o girar.
- **Siempre acabas** cediendo tú.
- **Siempre vais a donde él quiere** y jamás es capaz de secundarte en tus iniciativas.
- **Te hiere** y te hace sentir culpable.
- **Te trata** como si fueras una niña.
- **Te presiona** para que cambies.
- **Llega a casa y,** por cualquier motivo, provoca una discusión horrible en la que parece que todo va a estallar. Luego te pide perdón y realiza grandes gestos de amor como comprarte un gran ramo de rosas. Estas situaciones tienden a repetirse y te sientes como si vivieras con dos hombres: el que te enamoró y un monstruo que no entiende nada.
- **Cuando discutís** no mantiene el torso frente al tuyo y no te mira a los ojos. Puede ser que su lenguaje corporal sea hasta amenazador. Observa si presenta alguna de estas actitudes: te señala con el dedo aunque no llegue a tocarte, te hace ver su mayor envergadura y parece crecerse, gesticula violentamente cerca de ti, pasea los ojos de un lado a otro de la habitación...

## Acciones por las que **deberías salir corriendo** (Sin excusa)

- Te ha dado un bofetón.
- Te ha empujado violentamente.
- Te ha dado un puñetazo o una patada.
- Te ha prohibido trabajar o hacer cualquier otra actividad.
- Te prohibe ver a tus amigos o te pone serias objeciones.
- Abusos sexuales. Puede ser que no estén muy claros, como que estéis en la cama los dos y él intente algo y siga adelante a pesar de que digas que no. Pero por mucho que viváis juntos o estéis casados o seáis novios, tú puedes negarte a mantener relaciones sexuales en cualquier momento, incluso si habéis empezado a besaros. Evidentemente, él también puede decir que no le apetece y aquí no pasa nada.

## Tipos tóxicos

**El futbolero.** Se pasa la vida pegado al televisor. Sí, desgraciadamente cuando no hay partido de liga, hay *Champions League* o copa de la UEFA o Copa del Rey... Puede que él mismo juegue en el equipo de su barrio, en uno de segunda o incluso de primera regional, pero a medida que su forma física decaiga y su barriguita crezca y crezca, tenderá a instalarse en el sofá y a ver todos los deportes. No conseguirás moverlo ni con grúa. No es un mal chico, pero como compañero es un aburrimiento y te hartarás de él.

**El profesional de la cizaña.** Continuamente va lanzando dudas a diestro y siniestro. Se les reconoce fácilmente por un estilo de frase muy característico: «Yo te quiero mucho, pero te estás poniendo gorda» o «Es una chica estupenda, pero no tiene la cabeza muy bien puesta en su sitio». Sus maneras son suaves y se presentan como grandes amigos y colaboradores, pero sembrar la discordia es su principal cualidad. Se escuda en la honradez y la sinceridad pero va fastidiando la vida a todos. Otros de sus magistrales inicios de frase son: «Espero que no te moleste lo que voy a decirte» (evidentemente, espera que sí moleste), «No quisiera que te lo tomaras como un insulto» (pero voy a insultarte). Son el azote de las personas con algunos fallos en su sistema de autoconfianza, especialmente si son demasiado dependientes de la opinión que tengan los demás de ellos. Estos profesionales de la cizaña consiguen que sus parejas o sus ligues, continuamente presionadas, se preocupen más por lo que piensan, sienten o dicen ellos que por sus propios pensamientos y necesidades.

**El chulo de barrio.** «Te voy a dar dos *yoyas*, *pa* chulo yo», «Se va a enterar ese *desgraciao*» o frases parecidas son su máxima vital. Por no hablar de coletillas como: «Tío, vale tío» o cosas parecidas. Todo en él es pose, pero encima, lo más seguro es que sea un individuo inadaptado que te traerá un montón de problemas. Será chuleta contigo también y, en el peor de los casos, se convertirá en un tipo mortal.

**El controlador.** La historia empieza bien porque colma de atenciones a su objetivo. Es un hombre aparentemente de mundo que sabe qué hay que hacer en cada momento y es el artista de la sorpresa: organiza salidas y viajes, elige lo que va a comer su compañera en el restaurante y hasta le compra ropa. Al principio puede parecer detallista y un sueño de hombre, pero lo que le sucede es que quiere controlar a su compañera porque se siente inseguro. Acaba ahogándola a fuerza de no dejarla decidir por sí misma.

**El malas pulgas.** Se queja por todo, pero, además, tiene tan mala idea que tiende a generalizar. Si, por ejemplo, su pareja se ha olvidado de comprar algo, enseguida dice que es una «irresponsable» o si hay cuatro cosas fuera de sitio en la casa grita: «Esta casa está hecha una mierda, es un desastre». Por supuesto, él siempre actúa correctamente; su estrategia es anular a los demás para sobrevivir. Hace sentir incómodo a todo el mundo porque se erige en juez. Además, continuamente lanza mensajes inquietantes y amenazantes: «Tengo algo que decirte, pero ya te enterarás en su momento.» «No te preocupes por lo que piense yo, haz lo que creas que debas hacer.» Son personas con las que es casi imposible razonar, ya que tienden a cambiar la historia a su favor y a tergiversarlo todo. Tienen todos los números para convertirse en tipos mortales. La vía del diálogo está cerrada con ellos por lo que si, tras un primer intento de analizar la situación y conversar él no quiere admitir nada, lo mejor es desaparecer cuanto antes.

**El pasivo.** Simplemente se deja hacer y dice a todo que sí: salidas, sexo, excursiones, bares de copas, restaurantes... Todo lo que hace su compañera le parece bien porque le evita a él pensar. Aunque puede parecer fácil convivir con él, porque es muy complaciente, a la hora de la verdad, es como un muerto: nunca toma la iniciativa y todo parece darle igual.

**El niño de mamá.** Su mamá le mima y él adora a su mamá. Nadie hace las cosas como su mamá y ésta cree que es el más gracioso y ocurrente. Cuando están tan apegados a su madre, tenlo claro: nunca conseguirás que se pongan de tu parte. Te veo de viaje con la suegra, viviendo con la suegra y, peor aún, comparada constantemente con la suegra porque ella siempre lo hace todo mejor que tú. Habrás tocado fondo cuando le preguntes si su madre también folla mejor que tú. Si te contesta que sí, ya ni te cuento. Junto a él te espera una vida de agravios y comparaciones siempre bajo la estela de su madre que, además, seguro que es una bruja de marca mayor que continuamente interviene para disponer a su hijo en tu contra.

**El frío.** Tuvo un desengaño horrible y ahora está destrozado y resguardadito detrás de múltiples corazas. En el fondo le gustaría salir e ir por la mujer que le ha enamorado, pero prefiere no sentir para no sufrir. Este todavía tiene salvación: dosis de humor, cariño y paciencia a partes iguales pueden conseguir que salga de su cáscara. Pero si te deja tirada en una situación en la que lo necesites, más vale que le digas adiós sin demora.

## Tipos mortales

**El insultador.** Sus iras y agravios se dirigen contra todos en general pero, en particular, hacia ti. Sus frases son demoledoras y groseras: «¿Quién ha sido el idiota que ha dejado esto aquí?», «¿Eres tonta o qué?», «No entiendo que no puedas comprenderlo», «Eres una inútil»... O más sutilmente: «Todo el mundo lo entiende menos tú», «Nunca te preocupas de nada», «Vives en Babia...».

**El descalificador nato** es un individuo con complejo de inferioridad que ha desarrollado una estrategia para él altamente efectiva con la que dejar a los demás a la altura del betún. En muchos casos, lo que le ocurre es que siente que los demás no le hacen caso o no le valoran y entonces reacciona zahiriendo para conseguir lo que quiere. Este tipo de hombre ofende y justifica su comportamiento alegando que lo que ha dicho es verdad. Y jamás da su brazo a torcer. Junto a él te espera un calvario. No lo justifiques diciendo: «Él es así». Tú eres así y te mereces respeto.

**El criticón.** Es un estilo parecido al anterior. No llega al insulto, aunque se acerca con frases como «¿Cómo pudiste hacer algo así? Yo nunca lo hubiera hecho». Siempre ve el toro detrás de la barrera y es un enterado al que no le importa decir cualquier barrabasada a los demás para quedar como el más listo. Por ejemplo, puede decirle perfectamente a alguien que acaba de perder el trabajo: «Un hombre que se precie debe ser capaz de mantener a su familia». Como pareja es una aberración, porque siempre estará dándote lecciones y criticando tu forma de ser. Sus estrategias están encaminadas a adquirir el control sobre los demás, especialmente sobre ti.

**El celoso.** Es uno de los tipos más nocivos que existe. Si se trata de un celoso patológico puede ser un maltratador en potencia. Se pasa la vida sospechando de los actos de su pareja. Quizá le monte un escándalo cada vez que llegue media hora tarde a casa, y le pregunte con tono de sospecha que con quién ha estado. O le diga cosas como que huele a tabaco o que está muy misteriosa últimamente. Quizá también le arme la *marimorena* cuando salga con sus amigas a cenar, o le prohiba salir con determinada ropa, o le acuse de ir provocando a los hombres. O todo ello por riguroso orden. Evidentemente, los amigos (en masculino) de su pareja no le parecen de fiar; pero las amigas, tampoco le inspiran mucha más confianza.

El mundo de estas mujeres se hace cada vez más pequeño. Sutilmente va envolviéndolas hasta que se dan cuenta de que están medio encerradas o de que tienen terror a sus reacciones, porque nunca saben si se va a enfadar por la tontería más pequeña. Como van robando terreno poco a poco —si su víctima se resiste lo único que consigue es hacer más lento el proceso y aumentar las discusiones— las mujeres que los padecen no se dan cuenta de que están metidas en un curso de doma.

**El castrador.** Sus frases favoritas son: «¿Ahora vas a hacer eso?», «Déjate, no es el momento», «No es adecuado», «Todo el mundo nos está mirando», «Estás haciendo el ridículo».

Su máxima preocupación es qué pensará la gente, pero ya no sólo sus familiares, amigos, conocidos y parientes, sino la gente en general. Cualquier gesto de espontaneidad de su pareja se convierte en una tortura para él, absolutamente preocupado por el qué dirán. Acaba convirtiéndose en un viejo antes de tiempo y su pareja con él.

Una vez, presencié una anécdota divertidísima sobre un castrador en potencia. Era el copiloto de un coche que conducía su esposa y en el cual iban también sus dos hijos. Llevaban una bicicleta en la baca. La mujer no se dio cuenta y metió el coche en el aparcamiento de una estación de servicio de autopista. Sonó un tremendo golpe y la bicicleta cayó al suelo. El hombre salió del coche gritando «¿Pero qué has hecho?». Cuando iba a comprobar el estado de la bicicleta vio un hombre con una cámara de vídeo —que, por cierto, estaba grabando otra cosa— y exclamó horrorizado y fuera de sí: «Si nos están filmando, vamos a salir en *Vídeos de primera*». Su máxima preocupación era el ridículo que habían protagonizado...

**El autodestructivo.** Drogas, mujeres, alcohol, juego, velocidad, riesgo... Es atractivo porque parece vivir la vida intensamente y eso le da un aire de aventurero. Sin embargo, aparece y desaparece. Y nunca puede comprometerse con nada. Necesita su forma de vida y aunque llegue a querer a la mujer con la que tope, lo máximo que podrá hacer por ella es convertirse en receptor de su amor-compasión. Si ella no es fuerte y no sabe huir a tiempo, la arrastrará en esa espiral de destrucción.

Saca lo peor de las mujeres con las que está y las arrastra a perder el control y a hacer cosas de las que luego se arrepienten.

## Cómo romper

Romper puede ser una cuestión de supervivencia. Hay que encontrar un justo equilibrio entre decirlo claramente y que él no se sienta atacado o en inferioridad de condiciones. Mi consejo es que, si tan graves son las causas que te llevan a la ruptura, no se las digas y te busques una excusa que le permita a él salvar su dignidad y su virilidad.

Chica mala, no es el momento de hacerle razonar ni de cantarle las cuarenta, sino de salvar el pellejo. Exponle con claridad que lo vuestro no funciona porque tenéis muchas discusiones, porque tenéis diferentes intereses o cualquier excusa que él pueda creerse fácilmente. Y no entres en polémicas sobre si es culpa tuya o suya. Seguramente él intentará provocarte, pero lo que tienes que hacer es no entrar al trapo, conservar la calma y salir de la relación lo más tranquilamente posible.

Lo primero que debes hacer es analizar la situación. Si tu cabeza te dice claramente que la relación no funciona ni funcionará, no le des más vueltas: déjale. Toma la resolución en tu interior y no cambies de opinión por mucho que él diga y prometa... Seguramente ya le diste una segunda oportunidad (y una tercera y una cuarta...) no va a cambiar; no te dejes convencer por sus lágrimas y por su arrepentimiento.

Si en algún momento de la conversación te sientes tentada a revocar tu decisión, piensa en el peor momento que pasaste con él: aquella vez que te humilló delante de todos o alguna bronca descomunal por cualquier estupidez.

## Normas para dar **una mala noticia**

- Escoge un buen momento. Que él no esté nervioso por algo.
- Habla con él a solas. Evita los lugares públicos, a no ser que temas por tu seguridad.
- No dejes que la relación se deteriore del todo, toma cartas en el asunto cuanto antes.
- Escucha lo que tenga que decir, pero que no pese en tu decisión.
- Déjale hablar, pero que no te distraiga de tus líneas de argumentación.
- Ten claro lo que deseas conseguir de la conversación. No te pierdas en las batallitas, tienes que ganar la guerra, que es dejarle, saliendo lo mejor parada posible.
- No alces la voz ni hables demasiado rápido o parecerá que sólo tienes una rabieta. Respira hondo y habla con voz clara y pausadamente.

# Mantenimiento

## Lo que mujeres y hombres quieren de sus parejas

| Mujeres | Hombres |
|---|---|
| ■ Bondad y comprensión | ■ Personalidad interesante |
| ■ Inteligencia | ■ Bondad y comprensión |
| ■ Personalidad interesante | ■ Inteligencia |
| ■ Buen amo de casa | ■ Creatividad artística |
| ■ Salud | ■ Salud |
| ■ Creatividad artística | ■ Atractivo físico |
| ■ Carácter agradable | ■ Buena ama de casa |
| ■ Atractivo físico | ■ Carácter agradable |
| ■ Buena posición | ■ Quiere hijos |
| ■ Que quiera hijos | ■ Buena posición |
| ■ Título universitario | ■ Título universitario |
| ■ De buena familia | ■ De buena familia |
| ■ Creyente | ■ Creyente |

En este cuadro se retratan los dos sexos. Para empezar, ellas quieren sobre todo comprensión, lo que casa perfectamente con la mayoría de quejas femeninas encaminadas a dejar constancia de que ellos no las comprenden en absoluto o no las escuchan o ambas cosas. Para ellos, sin embargo, la personalidad interesante es la primera característica que desean en una mujer.

Llama la atención que para ellas que él sea un buen amo de casa es la razón número cuatro, mientras que para ellos es la séptima. ¿Significa esto que por fin estamos empezando a entendernos y a ocupar el mismo espacio?

## Virtudes matrimoniales

**La confianza.** Nunca insistiré bastante en que los dos tengáis vuestro propio espacio privado y el otro lo respete.

Sal con tus amigas —sí, también de noche— y deja que él salga con sus amigos. Evidentemente, no os habéis ido a vivir juntos para que cada uno salga por separado el fin de semana, pero sí podéis salir por separado de vez en cuando.

Si te sientes tentada a desconfiar de él o es él el que te lanza puyas como «A saber qué haréis tú y tus amigas a esas horas», recuerda —y recuérdale— que vivís juntos porque os habéis escogido y que si alguien tuviera que ser infiel, lo estúpido sería, precisamente, que lo fuera a esas horas.

Hay un viejo dicho que ilustra perfectamente el tema de la libertad y la fidelidad: «Si tienes un pájaro, déjalo volar. Si vuelve, es tuyo. Si no, es que jamás te perteneció».

La confianza no sólo se manifiesta en no pensar que el otro nos la está pegando a la primera de cambio, sino, también, en creer en él y que sabrá salir de los diversos problemas que plantea la vida. Confiar consiste en apoyar sin definir el camino que el otro debe seguir y sin inspeccionar y fiscalizar cada paso.

**La comunicación.** Vivir en pareja no significa contarlo todo ni mucho menos. Todos tenemos derecho a tener nuestra parcela privada. Pero sí significa contar al otro nuestras principales aspiraciones, nuestros miedos, nuestros deseos, nuestras preocupaciones y que la otra persona nos corresponda de la misma manera. Y, por supuesto, que también haya la confianza suficiente para comentar los problemas que puedan surgir o los pequeños —y grandes— roces de la convivencia.

Saber escuchar es uno de los grandes retos de la convivencia. No basta con oír, hay que prestar atención y hacer ver al otro que nos interesa de verdad lo que nos está diciendo. Para ello debemos adoptar una actitud activa, no simultaneando la escucha con otra actividad, poniendo cara de estar atendiendo, animando al que habla con el gesto o una sonrisa o asintiendo con interjecciones como *Ya veo, Vaya, Comprendo*.

Además de expresar los sentimientos negativos, es importante expresar también los positivos. No olvides decirle lo mucho que te gusta, lo bien que te lo pasas con él, lo guapo que es, cómo te ha gustado alguna cosa que ha hecho, lo feliz que eres o cualquier otro halago. Si le pediste que mejorara algo de su forma de actuar y ves que se esfuerza, no olvides comentárselo. No dejes que la rutina te pase factura y, como pasa en la mayoría de parejas, dejéis de halagaros y de reconocer vuestros logros.

## Claves de la **comunicación**

| Apropiado | Equivocado |
| --- | --- |
| ▪ Ser directo | ▪ Soltar indirectas. Es muy difícil interpretarlas |
| ▪ Expresar los sentimientos | |
| ▪ Ser espontáneo | ▪ Acusar al otro |
| ▪ Hablar del ahora | ▪ Esperar, dar vueltas a las cosas y elaborar un discurso engolado |
| ▪ Ser asertivo | |
| ▪ Intentar comprender | ▪ Guardar la jugada y echarla en cara a la mínima oportunidad |
| ▪ Describir el comportamiento del otro | |
| ▪ Hacer frente a los problemas | ▪ Ser agresivo |
| | ▪ Intentar ganar |
| | ▪ Interpretar las motivaciones del otro |
| | ▪ Huir |

**La complicidad.** Una pareja que no ríe, es una pareja destinada al fracaso. Tenéis que tener vuestras bromas privadas, vuestros recuerdos comunes y no olvidar que existen... Es muy difícil no dejarse vencer por la rutina, la comodidad, las dificultades, los roces de la convivencia... Pero cada vez que eso esté a punto de pasar, puedes recordarle, quizá, una canción que cantabais juntos, susurrarle una vieja broma de antaño o hacer que suene nueva una anécdota que hace tiempo que no recordáis... Como aquella vez que os caísteis juntos a un hoyo, por ejemplo.

Ser cómplices significa reíros juntos por algo que los demás no captan, soltar la misma broma en el mismo momento, intercambiar una mirada cómplice cuando los dos os dais cuenta de algo al mismo tiempo, destripar el mundo juntos... La complicidad va de la risa a la seriedad; a encarar los problemas juntos y sin que os tiréis piedras por el camino.

Me temo que la complicidad también incluye cosas tan lamentables como usar nombres del tipo de *cuchi cuchi* o *cariñito*, y poner vocecitas tontas para llamaros cosas cariñosas o escenificar roles diversos. Eso sí, chica mala, hazlo siempre en privado.

Son signos de complicidad:

1. Deseo de promover el bienestar del otro.
2. Experimentar felicidad por el amado o la amada.
3. Tener alta consideración por la otra persona.
4. Ser capaz de contar con la persona amada en tiempos de necesidad.
5. Comprensión mutua.
6. Compartirse uno mismo con el amado y compartir también las posesiones.
7. Recibir apoyo emocional del otro.
8. Establecer una comunicación íntima.
9. Dar apoyo emocional.
10. Valorar al otro.

**El amor.** No se sabe muy bien qué es amor y si tuviéramos que definirlo seguramente nos encontraríamos en un serio aprieto, sin embargo, todos hemos asegurado sentirlo una, dos o más veces y lo hemos definido como algo desbordante que no cabe en el pecho, que agota y que hace que uno no se sacie de la otra persona.

San Pablo, en el capítulo 13, versículos 4-7 de la primera carta a los corintios, hace la siguiente definición del amor: «El amor es paciente, es servicial; el amor no tiene envidia, no es presumido ni orgulloso; no es grosero ni egoísta, no se irrita, no toma en cuenta el mal; el amor no se alegra de la injusticia; se alegra de la verdad. Todo lo excusa, todo lo cree, todo lo espera, todo lo tolera...».

Bueno, parece ser, según cuentan algunos, que el amor pasional se apacigua y entonces queda en la pareja una especie de rescoldo de amor... Aunque no sé, porque yo más bien veo que muchas parejas pasan del amor a una especie de fase de antipatía por el otro, y hay muy pocas parejas que continúen siendo amigas y, sobre todo, cómplices después de que la llama se apague.

Bueno, quizá pienses que en el caso de que se apague la llama no tiene sentido permanecer junto a esa persona. Sólo tú debes valorarlo. Estás en tu derecho de decidir lo que quieres hacer con tu vida. Explícale tu punto de vista a tu pareja y despídete. No te resignes nunca: lo diré siempre.

Sin embargo, ten en cuenta que «enamoramiento» y «amor» son dos cosas diferentes. El enamoramiento (que te hipnotiza y te anula y casi te hace vomitar) está basado en el mínimo conocimiento del otro, mientras que el amor se basa en el conocimiento y en el respeto.

**La pasión.** La pasión suele asociarse con el sexo, pero también entra en esta definición esa necesidad devoradora de ver al otro, hablar con él y tener noticias suyas.

Todo irá bien en vuestra relación —o casi todo— mientras a los dos se os siga alborotando el corazón cuando encontréis al otro en casa. No perdáis la emoción de los abrazos y los besos, ni la pasión por el sexo... No basta con pensar que lo vuestro es diferente y no os pasará, hay que trabajar continuamente para que no sea así. Vale, me dirás que es una obviedad y tienes razón, pero, entonces, ¿cómo es que tantas parejas acaban separándose porque se acabó la chispa? En las relaciones duraderas, la rutina de lo cotidiano se introduce gradualmente cuando no cuidamos los detalles.

Y no dejes que el sexo decaiga, ni la imaginación tampoco. Después de años de convivencia, llegaréis a conoceros muy bien; pero eso es una ventaja, no un lastre, y no quiere decir que no podáis seguir innovando y experimentando.

No hay nada peor para una relación que el sexo repetitivo: siempre el mismo guión, las mismas palabras, las mismas posturas, las mismas caricias, el mismo escenario, la misma duración... ¡Buff!, es algo que podría agotar a cualquiera... El buen sexo es parte de una buena relación.

Chica mala... Es tu oportunidad para demostrar que sigues siendo mala y que eres traviesa en la cama, en el sofá, en la terraza, en el ascensor, sobre la mesa de la cocina, en el jardín, bajo las estrellas o en cualquier otro lugar... Hazte un favor: ve corriendo a una tienda especializada en lencería y seguidamente lee con atención el capítulo dedicado a sexo, especialmente las sesenta y siete ideas locas.

**La amistad.** Las parejas más felices y estables son aquellas que empiezan su relación con una gran amistad y la siguen manteniendo con los años: se respetan, se valoran, comparten sus pensamientos y sentimientos sobre toda clase de temas y se aceptan como son.

La amistad es un requisito imprescindible en cualquier relación de pareja. La intimidad y la complicidad que conlleva ser amigos es la base de una buena relación. Esto implica abrirse y revelar nuestros deseos y pensamientos a nuestra pareja; compartir nuestra vida y participar en la suya.

De novios es común que las parejas queden para verse y hablen de todo tipo de temas. Sin embargo, cuando conviven, aunque en teoría pasan más tiempo juntos, las obligaciones cotidianas hacen que tengan pocas ocasiones para sentarse tranquilamente.

La realidad es que los amigos hablan de todo: religión, política, televisión, conocidos, filosofía de vida, mujeres, sexo, cotilleos, sueños y planes de futuro... Mientras que las parejas acaban hablando sólo de problemas como el dinero y los presupuestos, el arreglo del coche o preocupaciones varias sobre parientes diversos.

Las parejas no tienen conversaciones de amigos porque hablan sólo de temas referidos a la convivencia y eso les lleva, tarde o temprano, a cuestiones problemáticas. Otro lastre es que los miembros de la pareja piensen que ya lo saben todo del otro, sin tener en cuenta que las personas evolucionamos continuamente.

## Cómo ser amigo de tu pareja

- Sé tan tolerante con tu pareja como con tus amigos.
- Piensa siempre en positivo: tu pareja hace las cosas con buena intención, no para molestar.
- No uses como arma arrojadiza en una discusión algo que te haya confiado como amigo. Si lo haces, lo único que conseguirás es que nunca te cuente nada personal.
- Quedad como cuando erais novios. No caigáis en el error de pensar que ya os encontraréis en casa. Reservad tiempo para vosotros y cambiad de escenario.
- Escucha como lo haría un amigo: sin juzgar y sin intentar dirigir la vida del otro.

## Armas de mujer

Bueno, no veo por qué las chicas malas tenemos que renunciar totalmente a nuestras armas tradicionales de mujer. Es decir, a esos pretendidos recursos desesperados, que tan útiles nos han sido en el pasado, para conseguir logros en una sociedad que nos negaba la voz, el voto y la capacidad de decidir sobre nuestras vidas.

El problema es que todavía quedan toneladas de machismo por el mundo y ahora pretenden que les hagamos frente sin esos truquitos tradicionales que dieron en su momento resultados aceptables y nos hicieron más fácil la existencia.

Si renunciamos totalmente a nuestras armas tradicionales, les seguimos haciendo el juego porque continúan marcando lo que está bien y lo que está mal. Eso sí, si pretendes ser una chica mala de hoy en día tienes que dosificar muy bien tus recursos de los viejos tiempos.

Al fin y al cabo, ellos, salvo muy pocas y muy honrosas excepciones, no han dejado de intentar imponerse por la fuerza.

Lo que sí deberías dejar de lado es el chantaje emocional. No te lleva a ningún lado y, todo lo que obtengas por este método, te pasará una abultada factura después. Eso en el caso de que sea muy descarado. Si lo haces con un poco de sutilidad y disfrazándolo de que *tú tienes tu vida*, no necesariamente. Pongamos por caso que él no quiere apuntarse a un curso de baile, pues te apuntas tú por tu cuenta. Y si él quiere esperar un tiempo antes de que viváis juntos y tú estás hasta el moño de vivir en casa de tus padres, pues te vas a vivir sola. Sin aspavientos, sin reproches, sin malas caras. Simplemente se lo comentas y te vas. De esta forma ejerces sobre él una cierta presión y consigues hacer lo que quieres, aunque sea sin él, pero no le haces un chantaje emocional que siempre te podría echar en cara.

Las buenas noticias son que vamos mejorando: según una encuesta del CIS (Centro de Investigaciones Sociológicas) un 64 % de mujeres y el mismo porcentaje de hombres consideran que las decisiones importantes de la casa las toman entre los dos. El 18 % de las mujeres considera que las toma su pareja, mientras que un 12 % de hombres también considera que es su otra mitad quien decide. El 24 % de hombres están convencidos de que son ellos quienes las toman, frente al 18 % de mujeres que considera que son ellas quienes llevan la batuta.

Sin embargo, si nos fijamos en las labores domésticas y su reparto, vemos que la tan querida igualdad no se produce ni de casualidad. En España, un 88 % de las mujeres se ocupan de la colada frente a sólo un 1 % de los hombres. Comparten la tarea un irrisorio 8 % de parejas. En lo que se refiere a las compras, ellas se ocupan en un 68 % de los casos, ellos en un 3 % y van juntos en un 28 %.

## Para zanjar discusiones

- **Llora.** Si es preciso, suelta unas lágrimas. Al fin y al cabo, cuando algo se tuerce nuestras hormonas tienden a abrir el grifo del lagrimal. Por lo tanto, sólo tienes que dejarte ir, con gran dignidad y sin grandes aspavientos y él, inmediatamente, si no es una bestia —en cuyo caso más vale que salgas corriendo—, te consolará.

  Los hombres están programados para enternecerse cuando ven una damisela en apuros. Recuerdo una ocasión en la que choqué mi coche contra una furgoneta; cuando su conductor me vio llorar, se ofreció a escribir en el parte que la culpa había sido suya. Por no hablar de aquella vez en la que la grúa estuvo a punto de llevarse mi coche aparcado en doble fila. Aparecí llorando y lamentándome sobre mi mala suerte, y el urbano se compadeció de mí y hasta rompió la multa.

  Pero no abuses de este recurso —que no truco, pues llorar es para nosotras algo tan natural como respirar.

- **Pide disculpas.** Si ha sido culpa tuya, pedir disculpas no es una mala idea. Desde luego, no te dejes arrastrar nunca a una guerra de guerrillas sobre quién la hace más gorda y quien los tiene más gordos y bien puestos. Un consejo clave es ceder en las batallas para ganar en la guerra.

- **Ponte un vestido sexy.** No suele fallar. Además, lo de la ropa llamativa también puede servirte para desviar la atención de tus oponentes en momentos comprometidos y conseguir mejores negociaciones. Pero no debes caer en la trampa de sentirte evaluada o examinada. Con un vestido elegante, favorecedor y sexy... te sentirás la reina del mundo. Si él te mira descaradamente las piernas, eres tú quien tiene el poder, úsalo y no te incomodes. Sin embargo, escoge aquellas prendas que más te favorezcan; es decir que resalten tus encantos naturales y disimulen tus puntos débiles... Se trata de que te conozcas bien y aprendas a sacarte el máximo partido. Si tu punto fuerte son unas piernas largas y contorneadas, una falda corta y unos tacones altos te harán lucir estupenda. En cambio, si tu pecho es firme y turgente, nada mejor que un escote pronunciado para deslumbrar con tu presencia.

  Además, un varón interesado en tu anatomía, es alguien dispuesto —o incluso deseoso— a complacerte, aprovecha tu ventaja y consigue lo que quieras...

- **Hazte la tonta.** Moderadamente y sólo en ocasiones especiales cuando alguna tarea se te haga muy cuesta arriba. En las otras ocasiones, lucha por tu independencia y autosuficiencia como una leona y defiende tus derechos, pero muestra tu *debilidad* de vez en cuando para conseguir cosas. Pero no sólo por ti, chica mala, sino también por él, que estará encantado de serte útil.

- **Explota tu misterio.** Apúntate a frases como: «Tal vez», «A lo mejor», «Si te portas bien...», pronunciadas de forma pícara, resultan de lo más seductoras. Estas salidas pueden servirte en cualquier fase de la relación y harán que él se esfuerce más...

## Ideas pésimas para atarlo a tu lado
# cuando las cosas van mal

- Tener un hijo.
- Tener un segundo hijo. El problema entonces se multiplica por dos.
- Casaros.
- Darle celos.
- Echarte a sus pies y convertirte en una esposa sumisa. Fatal... Sólo conseguirás que te trate peor.
- Tener una aventura. Si la descubre, tendrá una excusa perfecta para separarse de ti y llevarse la mejor tajada.
- Hacerte la misteriosa y la indiferente. Pensará que siempre estás de mal humor.
- Comprar un piso o una casa.
- Iros solitos a una isla exótica. Acabaréis como el perro y el gato.
- Operarte los pechos y ponértelos de cine. Te vas a pasar un postoperatorio fatal.
- Hacerte una liposucción.
- Pedir consejo a tu familia. Será tu ruina final.
- Pedir consejo a su familia. Encima te machacarán.
- Volver a los lugares en los que fuisteis felices. Eso pondrá de manifiesto que lo vuestro está peor de lo que ambos pensabais.
- Apabullarle sexualmente. Puede que en un principio tengáis la ilusión de que lo vuestro vuelve a funcionar, pero las agobiantes horas en silencio juntos y la falta de proyectos en común lo desmentirán rápido.
- No hacer nada pensando que es una crisis pasajera que pasará. Los milagros en las relaciones no existen.
- Dejarlo por una temporada. Te espera la rabia durante esos días y una vuelta a los problemas cotidianos nada más os volváis a encontrar (bueno, eso si vuelve).
- Hacerte la frágil. Desengáñate, ya no le apetece protegerte y si te muestras atormentada y triste, lo único que conseguirás es que piense que eres una amargada.

Hasta aquí algunas de las cosas que no sirven, pero... ¿Hay algo que sirva? Quizá sólo hablar sinceramente de lo que os está ocurriendo y ver si todavía hay chispa entre vosotros, si tenéis cosas en común y si entre los dos podéis recuperar la magia. Por cierto, si quieres hablar con él, no menciones la temible frase: «Tenemos que hablar» porque sólo conseguirás que le dé un ataque de pánico. Abórdale directamente con una pregunta sincera del tipo: «Me he dado cuenta de que las cosas no son como antes, ¿no crees lo mismo que yo?»

## Consejos matrimoniales básicos

- **No te relajes.** Que él viva contigo no quiere decir que tengas que dejar de escucharle, de cuidarle y de mimarle. Lo mismo sirve para él, evidentemente. Él no te pertenece y por tanto aunque os hayáis casado, tengáis una hipoteca juntos e incluso hijos, no debes dejar de trabajar para que haya magia en vuestra relación.

- **Haz que el sexo siempre sea** bueno, imaginativo y sorprendente. Tendrás ganada un 75 % de la relación.

- **Conserva tu espacio vital:** tus amigos, tus aficiones...

- **Déjale** su espacio vital.

- **Pero reservad aficiones** y momentos para compartir juntos y trabajad en equipo para que vuestra pareja funcione.

- **No basta con oír, escucha.** Además, se tiene que notar que estás prestando atención. Esfuérzate por poner los cinco sentidos en lo que te está diciendo. Respeta su silencio cuando esté preocupado y no tenga ganas de hablar.

- **Que él te escuche** cuando estés preocupada y tengas ganas de hablar.

- **Critica en positivo.** Puedes decirle «Me gustó mucho cómo lo hicimos el otro día... si me llegas a tocar hoy así ,como tú sabes, hubiera llegado al séptimo cielo».

- **No te metas** en una espiral de ataques y contraataques cada vez más ácidos y crueles.

- **Recuerda que si quieres a alguien,** por muy enfadada que estés, no puedes soltarle todas las barbaridades que te vienen a la cabeza.

- **No cuentes vuestras intimidades** (especialmente si él ha tenido un gatillazo o cualquier otra desventura o circunstancia sexual).

- **No permitas** que explique intimidades de vuestra vida sexual.

- **Aprende a pedir perdón** y a disculpar al otro.

- **En toda pareja que funcione** con camaradería deberían existir dos premisas: «Nada de excusas, ni reproches».

- **Cuando haya algo que no te siente bien** o te moleste, coméntaselo a tu pareja en el momento, pero tranquilamente. No dejes que las cosas crezcan hasta que se conviertan en una gran bola de porquería.

- **Si no puedes tratar** un tema con tranquilidad cuando se produce, respira hondo y espera un mejor momento, pero no lo dejes pasar.

- **Si dejas pasar algo** que te ha sentado mal sin decirle nada, no lo vuelvas a sacar nunca a colación. Perdónale sincera y alegremente.

- **No te conviertas** en una bruja vestida de harapos en cuanto llegues a casa, usa ropa que, aunque sea cómoda, te favorezca. Quema tus chandals. Quema sus calzoncillos viejos y sus pijamas anchotes y raídos. Prende fuego también a sus chandals.

- **No dejes de tener detalles.** Hazle caldo si está constipado, cómprale por sorpresa el disco que le gusta, pregúntale sobre los proyectos o problemas que tenga. Si le oyes decir que no hay mermelada en casa, cómprale un bote...

- **Cuida tu cuerpo.** Ve al gimnasio. Además de que te encontrarás más atractiva y con más energía, trabajarás para vuestra relación.

- **No olvides decirle que** es guapo, que es muy atractivo, que le quieres o alabar las cosas que hace bien.

- **Sigue siendo cortés con él:** palabras como *por favor* o *Gracias* deberían formar parte de tu vocabulario habitual.

- **Aprende a ceder** cuando sea necesario.

- **Hazle ver que has cedido** en el momento en el que lo hagas, pero no se la guardes para una mejor ocasión.

- **Aprende a decir** «lo siento» siempre que sea necesario.

Si él no te corresponde en estos puntos anteriores y sientes que estás construyendo tú sola la relación, déjale. Para que algo funcione son necesarias dos personas, pero basta una sola para estropearlo. Por mucho que te esfuerces tú, si el esfuerzo no es bilateral no te servirá de nada.

## Buenas intenciones que pueden acabar con una pareja

«Tiene que considerarme el compañero ideal». La perfección no existe, si alguien quiere ser perfecto en todo momento lo que conseguirá es padecer ansiedad crónica y úlcera. En una pareja habrá buenos y malos momentos, cosas que uno entenderá del otro y otras que no, y actitudes y aficiones compartidas y otras que no. El fin es simplemente ser un buen compañero; alguien sensible y comprensivo que se autoanaliza —aunque no obsesivamente— para descubrir actitudes erróneas y ponerles remedio. Y por no pasarse de exigente o, por el contrario, de blando, que tampoco le hace ningún favor a la relación.

«Las necesidades de la otra persona son más importantes que las mías». Pues no, porque si actúas así, nunca podrás compartir en igualdad de condiciones. Renunciar a las necesidades propias sólo conduce a la insatisfacción, al tedio y al rencor. De la misma forma, no se puede pretender estar siempre al cien por cien en la pareja y con la pareja. Somos humanos y podemos sentirnos desbordados por las circunstancias o agobiados, y quizá no podamos dar tanto como deberíamos.

«Es imperdonable que decepcione a mi pareja». No es una actitud inteligente porque no soluciona el problema. Más que sentirse avergonzado, lo mejor que se puede hacer es investigar o preguntar cuál es el motivo de la decepción e intentar ponerle remedio. Si hay algo que no me gusta, mejor no decirlo para no ofender. Este enunciado va en contra de la necesaria comunicación y sinceridad entre la pareja. Lo mejor es buscar el momento adecuado y decírselo de forma diplomática.

«Una pareja tiene que estar de acuerdo en todo». Pues no, porque no es una unidad sino la suma de dos identidades y, evidentemente (y afortunadamente) hay muchos temas en los que no pensaréis igual. Incluso algunos de ellos pueden ser importantes. No es ningún drama, siempre y cuando las divergencias no produzcan posturas irreconciliables. Además, discutir es sanísimo para la relación y también para el corazón, ya que desentumece las arterias.

## Malas intenciones que pueden acabar con una pareja

Responderse con contestaciones negativas a ver quién la dice más gorda. No es más que una escalada de violencia que no lleva a ninguna parte salvo a asestar golpes bajos que realmente dejan tocado al compañero.

La única solución es no dejarse llevar y que uno de los dos diga algo que suavice la discusión. Los dos deberíais pensar que el otro es una persona a la que queréis y que no deseáis ganarle dialécticamente y hacerle polvo. Hay cosas que no se pueden decir a una persona a la que quieres, por muy acalorada que esté la discusión.

Menospreciar los pensamientos, sentimientos o el carácter del otro con frases como: «Tu padre era un desastre y tú también lo eres» o «Puede que te molestara mucho lo que te dijo tu jefe, pero estás exagerando».

No se puede generalizar ni tratar al otro como un irresponsable o un inútil. Si estás preocupada por él, o por algún tema, expónselo claramente. Los dos debéis aceptar el punto de vista del otro. Aunque creas se toma las cosas de forma exagerada, por ejemplo, tienes que entender que es su forma de vivirlo, y tú debes respetarle y apoyarle.

La evasión. Consiste en huir cuando hay un enfrentamiento, sea distrayendo el tema o, de forma menos sutil, saliendo de la habitación donde tiene lugar la discusión. Si uno de los cónyuges —normalmente él, la evasión suele ser masculina— no puede hablar de un problema en el momento, debería decirle a su pareja que quiere pensarlo o serenarse y ofrecerle una alternativa como hablarlo unas horas después.

Interpretaciones negativas. Uno de los cónyuges o los dos creen que las motivaciones del otro son peores de las que son. Son creencias tan negativas como pensar que el otro hace las cosas por molestar.

Es una actitud muy peligrosa que conviene contrarrestar preguntándose si acaso uno no es muy duro con la pareja. Hay muchas posibilidades de que sea así si el cónyuge viene de un hogar en el que el nivel de exigencia era muy alto. Conviene aprender a relativizar. Respira hondo y pregunta a tu pareja por qué ha hecho eso que tanto te molesta y acepta sus disculpas si las hay o la explicación de que ha sido por error u olvido.

## Cuando algo va mal

Cuando la relación falla, las excusas y las falsas coartadas son frecuentes. Quizá simplemente sea que no quiere acompañarte a algún sitio en concreto. Pero también puede ser algo más grave, como que no quiera ir contigo a ningún lugar… O, peor aún, que prefiera estar en otro sitio… con otra. Según Manolo, mi asesor sobre «Fenómenas», las excusas se detectan fácilmente:

La escena típica es la siguiente: el tipo le dice a su novia/esposa que no puede ir a donde ella propone y se disculpa con alguna de las siguientes excusas:

1. Es que tengo un partido.
2. Es que en la oficina tenemos que acabar un informe anual.
3. Es que tengo que llevar el coche al mecánico.

Y piensas: «¡Dios, pero si éstas·son las excusas que yo ponía cuando tenía diecinueve años!»

Y, según el caso, piensas lo siguiente:

1. *Es que tengo un partido.* Pero si en el equipo sois cuatro mataos que no habéis llegado ni a quinta regional y encima no te van a echar de menos.
2. *Es que en la oficina tenemos que acabar un informe anual.* Pero si en la oficina eres el último en llegar, el primero en marcharte y el que más tiempo pasa escondido en el aseo.
3. *Es que tengo que llevar el coche al mecánico.* Pero si cada vez que el coche se estropea te pasas dos semanas insultando al tío del taller… ¿Cómo es que ahora te lo tomas de buen grado?

Los hombres pueden ser terriblemente creativos poniendo excusas, la mayoría de ellas sonarán posibles y factibles e incluso razonables, pero el problema está en la repetición. Además, si el problema es que ellos tienen una aventura con otra mujer las ausencias cada vez serán más inexplicables e incluso puede ser que empieces a pillarle en pequeñas mentiras y en incongruencias en las historias que te cuenta. Empieza a tener la certeza de que él te engaña si:

Se arregla más de lo normal.

Empieza una dieta o empieza a ir al gimnasio y en general se preocupa más de su físico.

Cambia sus costumbres drásticamente.

En la empresa te dicen que no estuvo de viaje la semana pasada o que no hubo una reunión hasta altas horas de la noche.

Él se equivoca de nombre a menudo.

Sus amigos no hacen más que casarse y él acude a un montón de despedidas de solteros.

Continuamente tiene compromisos por la noche.

Le llamas al trabajo y... ha salido (cuando antes no salía nunca).

## Cuando decir **adiós**

Hay situaciones en las que no queda otro remedio que decir adiós:

- Uno de los dos o los dos ha perdido el respeto al otro.
- La convivencia es un infierno.
- Simplemente se ha acabado.
- No te entiende.
- Te hace sentir sola.
- Él ha cambiado y no te trata como antes.
- No eres feliz.
- Te ha sido infiel y no estás dispuesta a tolerarlo.
- Te maltrata psíquica o físicamente.

# El sexo

## El tamaño no importa

El sexo es una de las actividades más placenteras de la vida, pero también es fuente de conflictos si no se tiene una relación franca con el propio cuerpo y no se está dispuesto a compartir con la pareja. Hay algunos datos espeluznantes sobre este tema:

En los años cincuenta, Kinsey descubrió que el 75 % de los hombres eyaculaban a los dos minutos de la penetración, lo que, desde luego, denota una profunda ignorancia sobre el tema y una gran falta de consideración hacia las mujeres. Bueno, ellos tampoco lo pasaban muy bien, ya que su orgasmo sólo duraba unos pocos segundos. En según que ambientes de los países orientales el tema está hasta peor: en la China rural, la media de los juegos preliminares es de un minuto.

Luego tenemos otra preocupación típica masculina: el tamaño del pene. Si consideramos que la profundidad máxima de estimulación de la vagina es de cinco centímetros nos daremos cuenta de que hay muchos prejuicios y mucha literatura respecto a ese tema. De todas formas, para la mayoría de hombres, el tamaño del pene es sinónimo de virilidad, igual que tener una gran moto —que también se lleva entre las piernas...—, un coche potente y veloz o un equipo de música capaz de atronar un edificio entero de vecinos... A los hombres les gustan las cosas grandes, brutas y ruidosas, más o menos como ellos.

Otra obsesión masculina por el tamaño: el de los pechos. Si bien es cierto que hay películas especializadas en tetas descomunales —lo que llega a ser casi una parafilia—, en general a los hombres tampoco les gustan tan grandes, aunque sí con un cierto volumen... Digamos entre una talla noventa para las más bajitas, y una noventa y cinco para las más altas, aunque tampoco desdeñan una cien... Las menos dotadas pueden realzar sus puntos fuertes como ese culo estupendo, esa forma de moverse tan grácil y elegante, ese movimiento de melena, esas largas piernas...

Más cosas: en la búsqueda de nuevas sensaciones hay gente que se queda en el camino. Cada año unos quinientos estadounidenses mueren de asfixia intentando disminuir el flujo de oxígeno al cerebro para conseguir orgasmos más placenteros. Sin comentarios. Luego la familia intenta explicar estas muertes de otra forma, pero, claro, cuando alguien aparece con ropa interior de mujer, ligueros y una bolsa de plástico en la cabeza no hay muchos argumentos para justificar una muerte natural.

## Cómo ser una chica mala en el sexo

Haz lo que quieras y disfruta con ello. Los límites de lo que está bien o mal los ponéis los dos. Pero debes cuidarte y no realizar prácticas sexuales de riesgo como la penetración o la felación sin preservativo. Él se puede proteger, a la hora de practicar un *cunnilingus*, abriendo un preservativo por un lado y usándolo como barrera.

Lo primero que toda chica mala debe tener en cuenta para practicar sexo es tener siempre preservativos a mano; ya sea en el bolso o en la mesita de noche. No hace falta que plantees la cuestión antes de entrar en materia, porque puede ser totalmente anticlimático, pero cuando llegue el momento, pregúntale si tiene un preservativo. Si dice que no, es posible que tuviera tantas ganas de verte y estar contigo que se haya olvidado de todo, incluso de pasar por la farmacia. Un signo inequívoco de su apresuramiento puede ser que lleve un calcetín de cada, la camisa mal abrochada, los calzoncillos del revés, un poco de espuma de afeitar en la oreja o cualquier otro despiste similar...

Bueno, en el caso de que te diga que no lleva, saca los tuyos con naturalidad. Varios hombres, al llegar a este punto, me han preguntado que cómo es que yo tengo preservativos... En esos momentos, con gran sangre fría, he conseguido contenerme y no decirles cosas como: «Para follar con incautos como tú», «Para hincharlos y celebrar fiestas infantiles» o «No sé, me los encontré en la calle y los recogí». También he conseguido evitar darle un pescozón por ser capaz de pensar que mi vida sexual empieza con él... Bueno, en el caso de que te pregunte esta estupidez, respira hondo y contéstale algo tan sencillo como: «Porque me cuido». Otro consejo clave: si él no quiere usarlos con la excusa de que le aprietan, es alérgico o no siente nada, sal corriendo y deja plantado a semejante egoísta inconsciente.

Otra cosa. Lleva siempre preservativos a las citas. No importa si los usas o no, tú llévalos. Unas amigas mías se fueron a Cuba, no querían nada y hasta les daba corte plantearse llevar preservativos porque parecía que iban predispuestas. Bueno, ellas no iban en plan de lobas ni nada parecido, pero, aun en el caso de que hubiera sido así, ¿cuál es el problema?

Si, por lo que sea, cuando os dirigís hacia su casa, el motel o donde vayáis a hacer el amor, te das cuenta de que te has olvidado tu cajita de preservativos, puedes preguntarle con naturalidad: «¿Llevas preservativos o paramos a comprarlos?».

En el sexo ambos participantes deben estar de acuerdo. Nadie puede obligar a nadie a hacer algo que no quiera, pero piensa que tampoco es justo que el sexo oral funcione sólo en una dirección (curiosamente, normalmente suele ser la suya).

Una consideración clave: para ellos, lo más importante es sentir que les deseamos y que estamos realmente excitadas. Una auténtica chica mala tiene las siguientes cualidades cuando practica sexo: es divertida, imaginativa, libre, sabe pedir lo que quiere, sabe dónde están sus límites y los transgrede cuando le apetece, no tiene complejos ni respecto a su cuerpo ni a sus *habilidades*, es generosa, es entregada y es los suficientemente *egoísta* para preocuparse de su placer.

## Cómo matar su libido **en cinco segundos**

- Comentar con las amigas o con sus amigos que no funciona en la cama.
- Mirar con ojos de deseo a los hombres atractivos que se cruzan por tu camino.
- Provocarle celos.
- Compararle con antiguos novios.
- Exclamar: «Parece que ya me he curado totalmente de esa pequeña infección»; o, peor aún: «Dejé a mi ex novio porque le gustaban demasiado las drogas».
- Y en el caso de que tenga problemas de funcionamiento, son errores capitales:
- Dejar revistas y cuentos eróticos para que los vea.
- Provocarle cuando él ya te ha dicho que no tiene ganas.
- Preguntarle si es por tu causa. En el caso de impotencia; quizá podáis resolverlo con mucha paciencia y, si no, acudiendo sin falta al especialista.

## El buen sexo empieza por el beso...

Los besos son importantes. Tanto, que el 90 % de las personas recuerdan su primer beso frente a un 6 % que no lo recuerda. El 4 % restante no contesta.

Además, el beso de un hombre puede servirte para determinar si es un buen amante. Un hombre que es capaz de dar diversos tipos de besos, pero, sobre todo, que se lanza con fruición sobre tu boca y te envuelve con ella, a la vez que deja que tú respondas libremente a su beso, ofreciéndote su lengua con generosidad, y es capaz de mantener un largo beso sin que te canses de él... Ese hombre seguro que será buenísimo en el sexo oral.

**Qué no hacer nunca.** Dejarse influenciar por las técnicas raras descritas en algunos manuales. Aquí va una que no tiene desperdicio y que no recomiendo bajo ningún concepto porque me parece que puede pasar cualquier cosa y, desde luego, si se hace por sorpresa puede ser motivo de infarto de miocardio o algo peor:

## El beso eléctrico

«Primero apague las luces. En un momento verá por qué. Ahora frote los pies hacia atrás y a delante contra la alfombra. No es necesario que su pareja haga lo mismo; para este beso es suficiente que una sola de las partes esté cargada. Al frotar los pies contra la alfombra, usted crea un exceso de partículas eléctricas negativas y se carga negativamente; se prepara para una pequeña descarga eléctrica que se producirá cuando toque algo o a alguien que esté cargado positivamente o descargado, es decir, eléctricamente neutro.

»Ahora acérquese lentamente a la otra persona. Supongamos que la persona cargada negativamente sea una mujer. Camine hacia el hombre y, sin tocarlo con las piernas ni los brazos, acerque su cara a la de él. Debe tener cuidado de no tocarlo con ninguna otra parte del cuerpo, porque si lo hace neutralizará el campo eléctrico y las chispas no saltarán cuando lo bese.

»En este momento sus labios se están acercando más a los de él y en medio de la oscuridad apenas puede verle la cara. Debe ser cuidadosa. Escuche el sonido de su respiración y utilícelo como el piloto de un avión usa una señal de guía para llevar el avión al aeropuerto. Diríjase hacia la respiración. En este momento crucial y romántico deseará murmurarle unas palabras amorosas, por ejemplo: 'Ahora quédate quieto. No te muevas' (que te voy a dejar tieso de un calambrazo...)

»Esto le asegurará que está en la posición correcta para el beso. Acomódese lentamente, tan despacio como pueda. Parte de la gracia de ese beso es acercarse y estar en intimidad sin tocarse. ¿Puede hacerlo? Se necesita algo de fuerza de voluntad e incluso de práctica.

»Cuando sus labios se acerquen a una distancia de menos de un centímetro, una pequeña chispa de electricidad saltará de sus labios a los de él. Si en este preciso momento mira hacia abajo verá un haz de luz centelleante, como los fuegos artificiales. Esta es la electricidad sobre la que han escrito los novelistas y poetas durante años. Y ahora usted y su pareja la han hecho visible por primera vez; ¡chispas de amor! La excitación del momento es generalmente suficiente para hacer que algunos enamorados retrocedan sorprendidos. Pero usted es un alma audaz y avanza con firmeza. Si ha estado escuchando atentamente, habrá oído incluso el diminuto chasquido y crujido de la electricidad al saltar de sus labios fruncidos a los de él. Ahora es el momento de inclinarse y besarlo. Porque precisamente ahora sus labios hormiguean por la carga eléctrica utilizada y no hay mejor alivio, después de la diminuta descarga eléctrica, que la dulce sensación de un suave beso. ¡Ah!

»El beso eléctrico más famoso de la literatura inglesa aparece al final de Retrato de una dama de Henry James: 'Su beso fue como un relámpago blanco, un rayo que se esparció, y se esparció nuevamente, y se detuvo'. En efecto, las fuerzas físicas que actúan en el beso eléctrico son exactamente las mismas que las que provocan los truenos y relámpagos.»

De *El arte de besar*, William Cane. Paidós, 1992

**¿Dónde besar?** Pues en todas partes, claro. Los besos en la boca son los favoritos, pero un 94 % de mujeres consideran que un beso en el cuello es altamente erótico y muchos hombres se vuelven locos si succionas suavemente su oreja e incluso la mordisqueas.

Besar todo el cuerpo de tu pareja, con o sin humedad, con mordisco o pellizcando suavemente con los labios, sacando la puntita de la lengua o enseñándola toda es la mejor forma de demostrarle que estás loca por él y que te lo pasas de muerte.

Paradójicamente, otra forma genial de demostrarle lo mucho que te gusta es abandonarte al placer y dejar que te bese todo el cuerpo sin trabas y sin límite de tiempo. Te sorprendería saber lo mucho que ellos disfrutan acariciando el cuerpo de una mujer a la que quieren y que se abandona en sus brazos...

El 70 % de los hombres y el 62 % de las mujeres dijeron que les gustaba ser mordidos suavemente por sus amantes. Se trata de explorar la intensidad que cada uno desca...

## Algunos besos especiales

▪ **Los piquitos.** Son una buena forma de empezar a besar. Los participantes entreabren los labios y se dan besitos cortos. Pueden ser besos secos o húmedos.

▪ **La pinza.** Coge con cuidado el labio inferior de él de forma que sobresalga como si estuviera haciendo pucheros. Toma ese trozo de carne entre tus labios y succiona suavemente.

▪ **El beso superior.** Succiona el labio superior de él. Él, mientras tanto, podría hacer lo propio con tu labio inferior.

▪ **El beso total.** Ofrece tu boca sin reservas y succiona de forma que tus labios sellen los suyos. Este beso puede ser con o sin lengua.

▪ **El beso tierno pícaro.** Consiste en un suave y rápido beso en la comisura de los labios de la pareja. Es más travieso si se saca la punta de la lengua rápidamente de forma que apenas roce la piel.

▪ **El beso frío.** Humedeces el cuello o cualquier zona sensible de tu seducido con la lengua y luego sorbes para provocarle un escalofrío.

▪ **El beso aproximativo.** El seductor o la seductora está hablando y no deja de hacerlo mientras aproxima lentamente la cabeza a su seducido. Hay dos variantes. En una, la cara no se gira hasta el último momento, de forma que las bocas se aproximan un poco y el seducido puede notar el aliento de quien le va a dar el beso. En la otra, continúa hablando un poco cerca de su oreja y al finalizar la frase estampa el beso donde pueda. En ambos casos ha de hacerse con naturalidad, como quien no quiere dejar lo que está diciendo para besar, pero se consigue poner un poco nervioso al contrario, que siempre puede ser aconsejable.

■ **El beso esquivo.** De alto voltaje. Besas suavemente, sólo un roce y cuando él quiere más, te apartas. Repites y vuelves a apartarte. Le citas con los labios y con mirada insinuante y cuando se acerca le vuelves a rozar con tus labios y le vuelves a apartar.

■ **El beso bombón.** Pasaros un bombón de una boca a la otra. También sirven caramelos y otros dulces. Y líquidos como un buen cubata de ron añejo: toma un trago y deslízalo en la boca de tu pareja. Si estás en un sitio caluroso, puedes complementar el efecto refrescante pasando un cubito por su cuello.

■ **Beso pasado por agua.** Deja que el agua de la ducha caiga suavemente por vuestras caras y bésale. También puede probarlo en la piscina: Coged aire, zambullíos a la vez y bésalo exhalando aire. Es conveniente que abráis los ojos y que os sujetéis el uno al otro para que no os desperdiguéis.

■ **La succión de lengua.** Succiona la lengua de él, pero de forma delicada. También podéis hacerlo al revés, por supuesto, y entonces puedes mover tu lengua hacia dentro y hacia fuera sugiriendo otras acciones...

■ **El beso mordisco.** Muerde suavemente los labios de tu pareja y tira de ellos.

■ **El beso sonoro.** Sin palabras: ¡Mmmuuuiiiich!

## ...Y continúa con la masturbación

El 94 % de las mujeres que nunca se han masturbado nunca han conseguido un orgasmo de otra forma... O sea que tú misma, ésta es la principal razón para que empieces a masturbarte (en el caso de que no lo hayas hecho ya). Los terapeutas calculan que entre un 10 y un 15 % de la población femenina occidental no ha llegado nunca al clímax. Todas las mujeres —exceptuando algunos casos de enfermedades físicas o mentales graves— pueden experimentar orgasmos. No existen mujeres anorgásmicas, sino mujeres que todavía no han descubierto la llave de su propio placer.

El 70 % de las personas que viven en pareja, tanto hombres como mujeres, se masturba. Si descubres que tu pareja se masturba o tú sientes la necesidad de proporcionarte placer a solas, no debes pensar que es porque vuestra vida sexual es poco satisfactoria. Una cosa no tiene que ver con la otra.

Masturbarse, además de tener la ventaja de que es «hacer el amor con una persona a la que se quiere», según Woody Allen, te permite conocer tu cuerpo y sus recursos. Si quieres disfrutar con un hombre, debes empezar por conocerte y saber qué te gusta, qué te pone a cien y qué te deja indiferente... Los hombres no son magos que van a abrirte las puertas del placer, tienes que ayudarte tú misma.

No temas masturbarte delante de tus amantes, ellos podrán ver con sus propios ojos qué te gusta (la posición de los dedos, los dedos que usas, la presión que ejerces, el tipo de movimiento, la rapidez...) y, además, seguro que se excitarán al verte.

Una buena noticia: cuanto más pienses en el sexo y más practiques la masturbación y el sexo en compañía, más mejorará tu vida sexual. No puedes esperar que sea él quien te arrastre al sexo, piensa en ello todo lo que puedas y si no te sale natural recurre a trucos como: mirar los cuerpazos de los jugadores de fútbol americano o de los nadadores o de los gimnastas; mirar libros de imágenes como el *Kama Sutra* ilustrado; fijarte en alguna parte especialmente atractiva del cuerpo de los hombres que se cruzan contigo e imaginar que la tocas, la succionas y la disfrutas de varias formas (también vale erotizarse con los labios carnosos del vecino y sus múltiples posibilidades); mirar películas y revistas porno, o leer relatos y novelas eróticas.

Explora varias posibilidades; que te excites con historias sadomasoquistas o dúos con mujeres no debería hacerte sentir culpable en absoluto, ni tampoco hacerte pensar que eres masoquista o lesbiana. A ver, si lo eres, estupendo, pero lo que quiero decir es que aunque te exciten estas visiones o lecturas no es señal necesariamente de que te gustaría llevarlo a cabo en la vida real. Las chicas malas no se sienten culpables con nada, deciden libremente qué quieren probar y qué no. Aunque no se niegan en redondo a probar algo; simplemente se dicen que lo quieren pensar mejor.

## Algunas lecturas sugerentes

- *Historia de O.*
- *Las edades de Lulú.* Almudena Grandes.
- *El ama.* Amick Foucault.
- *Delta de Venus.* Anaïs Nin.
- *Diarios.* Anaïs Nin. En ellos cuenta prolijamente sus múltiples encuentros sexuales. En una ocasión llegó a hacer el amor con cuatro hombres en un mismo día.
- *Ligeros libertinajes sabáticos. Felicidades conyugales.* Mercedes Abad.
- *Trópico de Cáncer.* Henry Miller.
- *Justine o las desventuras de la virtud; Historia de Juliette.* Marqués de Sade. Dos libros que muestran dos puntos de vista divergentes: Justine es una chica virtuosa a la que le pasan todo tipo de desgracias, su hermana Juliette, en cambio, es una libertina que prospera en la vida.
- *La Venus de las pieles.* Leopoldo Sacher Masoch. Una novela del hombre que dio nombre al masoquismo.
- También hay muchas novelas eróticas que resultan muy estimulantes a pesar de que no tienen calidad literaria.

## En la variedad está el gusto

- **Juega con tu cuerpo.** Si te has masturbado con regularidad, seguramente puedes llevarte al orgasmo en pocos minutos. ¡Oh, sorpresa! Cuando los hombres y las mujeres se estimulan a sí mismos tardan prácticamente lo mismo en conseguir un orgasmo. Pero si quieres disfrutar plenamente de ti misma, experimenta cosas nuevas. Pulsa todas las teclas de placer de tu cuerpo, juega contigo, sé mala de mil diversas formas:

- **Cambia de posición al masturbarte:** boca arriba con las piernas separadas, boca arriba con piernas juntas, a cuatro patas, boca abajo presionando contra las sábanas, de lado, de pie...

- **No vayas al grano,** empieza a acariciarte el vientre, continúa acariciando los alrededores del clítoris (sin tocarlo), baja hasta tu vagina. Siente cada parte de esta zona.

- **Cuando estés a punto de llegar al orgasmo,** para unos segundos y reemprende. Experimentarás un casi orgasmo y podrás seguir. Vuelve a parar unos segundos cuando estés a punto de correrte. Al cabo de cuatro o cinco intentos, déjate ir: verás como tu orgasmo se intensifica.

- **Cambia de mano,** los hombres dicen que es como si te lo hiciera otra persona. Disfruta de la *dulce agonía* de ser algo torpe. Imita a los hombres también en esto: siéntate encima de tu otra mano para dormirla un poco y mastúrbate entonces a ver qué pasa.

- **No dejes que tu cuerpo se enfríe,** vuelve a estimularte sin dejar que la excitación decrezca y conseguirás otro orgasmo seguidamente.

- **Si te molesta,** para diez o quince segundos y sigue.

- **Encuentra tu punto G** (lee la explicación de más adelante) y presiónalo rítmicamente mientras te acaricias el clítoris. Es la mejor forma de conseguir orgasmos más intensos y en plural.

▨ **Dirige un chorro de agua** hacia tus genitales. Puede ser tibia, fría, con un poco de presión, con chorritos, con sólo un caudal de agua...

▨ **Prueba con un juguete sexual.** Un vibrador, por ejemplo, puede ser de lo más excitante y placentero, pero ¡cuidado! puedes convertirte en dependiente de él.

▨ **Estando sentada en una silla** aprieta los muslos fuertemente y presiona rítmicamente.

▨ **Juega con tu ano.** Introduce suavemente un dedo. Descubrirás que es una zona muy sensible.

▨ **Si quieres ser mala de verdad,** date placer en un lugar público: en el lavabo, mientras comes en un restaurante (mediante el método de presión de muslos también conocido como *la fuerza*), en el cine, en el trabajo... Transgrede tus límites.

**Técnicas de masturbación.** Cambia la forma de masturbarte. Hay cinco maneras básicas, aunque está demostrado que existen tantas formas distintas como mujeres. Según el informe Hite estas formas son, ordenadas según su frecuencia:

1. Estimulación de la zona clitoridiana y vulvar (normalmente con la mano, aunque también se usa vibrador: 78,5 %.
2. Frotación de la zona clitoriana vulvar con un objeto blando: 4 %.
3. Presión rítmica de los muslos: 3 %.
4. Masaje con agua en la zona clitoriana/vulvar: 2 %.
5. Sólo inserción vaginal: 1, 5 %.

El 11 % restante alterna varios métodos dependiendo de las apetencias de cada momento.

## Razones para **masturbarse**

- Es divertido.
- Te ayuda a conocer tu cuerpo.
- Te apetece.
- Es una forma entretenida de pasar el rato.
- Relaja.
- Te prepara para el sexo.
- A mayor número de orgasmos, mejor respuesta sexual ante cualquier estímulo.
- Es sexo seguro.
- Puede ser un buen aperitivo para una cita posterior.
- Te ayuda a llegar al clímax si no ha sido posible mediante la penetración.
- Puedes disfrutar un segundo orgasmo después de haber llegado al clímax con tu pareja.
- Puede agasajarte a ti misma si él se ha quedado dormido después de vuestro encuentro.
- Tu pareja no está presente.
- Tu pareja está presente.
- Tu pareja está presente, pero no tiene ganas.
- No tienes pareja.
- Te apetece algo de sexo, pero no estás por la labor de ocuparte de nadie más.
- Te apetece un orgasmo.
- Necesitas un orgasmo.
- Alivia el dolor menstrual.
- Alivia el dolor de cabeza.
- Fortalece la musculatura pélvica.
- Pruebas cosas nuevas.
- Ayuda a que tu vida sexual con tu pareja sea mejor.

# Y sigue en el orgasmo....

El orgasmo no debería ser un fin en sí mismo aunque es una forma placentera de coronar una relación sexual. Si te obsesionas con el orgasmo, no llegarás a ningún lado. Piensa que el orgasmo son sólo unos segundos mientras que una relación sexual dura mucho más tiempo. Un encuentro sexual no es un camino que hay que recorrer para llegar al orgasmo, sino un fin en sí mismo. Y si te sueltas y aprendes a disfrutar de tu cuerpo, puede ser una sensación, o mejor dicho, un cúmulo de sensaciones únicas que, finalmente, sin darte cuenta te llevarán a un orgasmo.

Para disfrutar de los orgasmos es necesario saber qué te produce placer y, también, tener unos músculos de la pelvis bien tonificados y en forma. No te compliques con tablas larguísimas, bastarán unos pocos minutos al día de unos ejercicios que puedes realizar en cualquier parte.

Este grupo de músculos forma como una cuna que se extiende desde la parte delantera del hueso púbico hasta el ano, pasando por debajo de la vagina. Si no los mantienes en forma, puedes tener problemas como incontinencia o incluso que caigan los órganos internos de la parte inferior del torso. Además de prevenir estos problemas, unos músculos bien tonificados también te permitirán experimentar orgasmos con mayor frecuencia y harán que éstos sean más intensos.

Chica mala, a ver si por fin las mujeres empezamos a tener las cosas claras. Para empezar, la mayoría de nosotras sólo tenemos orgasmos con la estimulación manual y el sexo oral. Eso no nos hace peores que los hombres, ni nos hace gozar menos, simplemente, tenemos que aceptar que somos diferentes.

No olvidéis vuestras manos durante el coito: tu mano o su mano pueden tocar tu clítoris de forma que se incremente el placer. También podéis utilizar las manos para recorrer el cuerpo del otro o el propio, en cualquier momento.

Y no te sientas culpable por *alcanzar* sólo orgasmos con la estimulación manual u oral. Deja de creer, si alguna vez lo has creído, que hay diferentes tipos de orgasmos (clitoridianos, vaginales...) y que algunos son más recomendables que otros. Nada más lejos de la realidad: no hay nada mejor ni peor en el sexo, simplemente cosas que te gustan y cosas que no.

**Ejercicios para fortalecer los músculos del amor.** Si no los has probado nunca, puede ser que no tengas muy claro dónde se encuentran tus músculos ni cómo moverlos. La forma más fácil de encontrarlos es parar de orinar un segundo cuando estés en el lavabo. Notarás como se contraen. Estos son tus músculos.

Seguidamente, practica el ejercicio *Kegel* básico. Túmbate de espaldas o siéntate cómodamente:

Contrae los músculos de la pelvis y aguanta la contracción de tres a cinco segundos, espira al contraer. Relájate. Vuelve a hacerlo y sitúa la mano sobre el abdomen para asegurarte que está relajado. Para comprobar si estás ejercitando los músculos adecuados, puedes insertar un dedo en la vagina. Repite el ejercicio de diez a quince veces. A medida que vayas ejercitándote, aumenta el tiempo de contracción hasta que llegues a diez segundos. Éste es el ejercicio básico, pero hay variaciones en cuanto al ritmo y la posición en la que lo realizas: puedes hacerlo tumbada de espaldas con las rodillas separadas y pegadas al pecho, y tumbada de lado con la pierna que queda arriba hacia adelante.

En cuanto al ritmo, prueba también a hacer contracciones rápidas. Empieza haciendo veinte repeticiones a una velocidad moderada y en cuanto vayas progresando, aumenta el ritmo.

Una vez hayas adquirido práctica sola y controles los músculos, podrás ejercitarte con él para adquirir una mayor habilidad. Prueba en diferentes posturas, con su pene dentro de tu vagina en diferentes profundidades, con diferentes ritmos, apretando más o menos...

También puedes mejorar tu disposición hacia el sexo, desbloqueando tu pelvis. Es excelente bailar, moviendo las caderas, ritmos latinos. También puedes practicar estos dos ejercicios:

1. **Sitúate de pie y con las piernas separadas,** paralelas a los hombros y ligeramente dobladas. Mueve la pelvis hacia adelante y hacia atrás. Inspira profundamente y haz que la energía fluya hacia tus genitales.

2. **Desnúdate y coloca** un almohadón doblado con una cierta consistencia entre tus piernas de forma que esté en contacto con tu vulva, perineo y ano. Mantén la espalda reta y balancea suavemente tu pelvis hacia adelante y hacia atrás. Inspira y siente cómo la energía llega a tus genitales. Si te excitas sexualmente, déjate ir.

**El punto G.** Encontrarlo no es imposible. Basta con que practiques lo que debería ser uno de tus ejercicios favoritos, la masturbación. Sólo podrás notarlo si estás excitada porque es precisamente la excitación lo que hace que sobresalga y se convierta en un tejido rugoso. La mejor forma de disfrutarlo es que tú descubras dónde está y luego se lo hagas saber a él. Explora tu cuerpo con tranquilidad y no te agobies si no consigues encontrarlo a la primera. Debes saber que hay mujeres que no consiguen encontrarlo nunca y no por ello su vida sexual es menos satisfactoria.

El punto G está en la cara anterior de la vagina, en la parte que queda bajo el pubis, a no mucha profundidad. Introduce un dedo en tu vagina, arquéalo un poco y explora la zona. Notarás una rugosidad no mayor que el tamaño de un garbanzo que al tocarla te dará un cúmulo de sensaciones. Eso es tu punto G.

Ahora falta comunicárselo a él. Tiéndete boca arriba con las piernas separadas y pídele que te estimule y, cuando estés excitada, introduzca uno o dos dedos en tu vagina. Debe arquearlos hacia arriba. En cuanto lo encuentre, dile cómo te gusta que te toque, si con un leve ritmo de rotación, una pequeña fricción o un ligero vaivén...

Cuando ya tengáis claro dónde está el punto G podéis probar a estimularlo durante el coito. Usa al principio una de estas posturas:

Ponte de rodillas y que él se sitúe detrás de ti para penetrarte desde atrás. El pene no debe hundirse totalmente en la vagina sino que debe frotar la zona por la que ambos habéis descubierto que está tu punto G.

Colócate encima de tu pareja para controlar el ángulo de entrada y la profundidad de penetración.

Muchas mujeres sienten la necesidad de orinar cuando les tocan el punto G, por lo que es mejor ir al baño antes. De todas formas, no puede ocurrir ningún accidente no deseado. No se debe confundir la tan debatida eyaculación femenina con un escape de orina; debes saber que hay mujeres que cuando tienen un orgasmo, al estimularles el punto G, expulsan una considerable cantidad de líquido incoloro por la uretra. No es orina, se parece al semen pero sin espermatozoides y es expelido por las glándulas parauretrales.

## Algunas posturas divertidas, originales, sexys o imposibles

La cantidad de posturas para practicar el coito es increíble, pero aquí te propongo unas cuantas por... probar. Algunas de ellas las podrás llevar a cabo sin problemas, otras requerirán un poco de esfuerzo, equilibrio y concentración y otras, quizá, simplemente las podrás llevar a cabo en tu imaginación...

Bueno, a estas alturas debes saber que el sexo es en gran parte imaginación y fantasía. Un dato sobre esto: el 80 % de hombres y mujeres recurren a las fantasías para aumentar su excitación.

Bueno, seguro que ya conoces la postura del misionero (la clásica de toda la vida), las cucharas (de lado con el hombre detrás de la mujer) o la postura a lo perrito (que permite una penetración profunda, tener algunas manos libres para ir tocando estratégicamente o estimular el clítoris y una gran variedad de movimientos y ritmos). Aquí van unas cuantas variaciones...

### De pie

- **El abrazo total.** Para hombres fuertes. La pareja se sitúa de pie, desnuda. Ella coge a su compañero por los hombros y abraza su cuerpo con las piernas. Él toma a la mujer de los glúteos y la atrae a su cuerpo para penetrarla. La acción depende casi totalmente de él porque ella tiene poca movilidad.

- **El taburete de tres pies.** Ella apoya su espalda contra la pared y enrosca una pierna en torno al cuerpo de él, mientras él la penetra. Los tres pies en el suelo y la pared dan estabilidad a la pareja.

- **Sorpresa.** El hombre, de pie, penetra a la mujer por detrás; ella, relajando todo el cuerpo, se deja caer hacia adelante hasta que apoya sus manos en el suelo. El hombre marca el ritmo por detrás. Él puede ver los glúteos y la espalda de ella y estimularle el ano con un dedo.

- **La carretilla.** La mujer se coloca de pie frente a la cama y se inclina hasta apoyar la cabeza y los brazos sobre su superficie. Su compañero se coloca detrás, le agarra un tobillo y se lo sube. También puede probar a cogerle las dos piernas y levantarlas.

- **La zancuda.** La mujer se sube sobre dos sillas o sobre el borde de la cama con las dos piernas muy abiertas. Su compañero se coloca de pie enfrente de ella, ajustan la altura de sus pelvis y la penetra.

## Ella debajo

- **El arco.** La mujer se tumba acostada boca arriba con las piernas flexionadas, dobla los codos y apoya las manos por detrás de los hombros. Para que su compañero la penetre, debe elevar las caderas y posarse sobre las piernas flexionadas del compañero. Es cansado para ambos, pero muy placentero.

- **Espejo de placer.** Ella se acuesta de espaldas, boca arriba, levanta sus piernas y deja que él, arrodillado, las sostenga a un lado de su cuerpo. Para aguantar el equilibrio, él apoya el brazo sobre la cama. El hombre posee el control. La postura permite variar el sentido de la penetración y la apertura de piernas, pero los rostros no pueden acercarse y las manos tampoco tienen muchas oportunidades de hacer nada.

**El balancín.** Ella se tumba de espaldas y levanta las piernas de forma que queden por encima de la cabeza y paralelas al suelo. Su compañero se arrodilla enfrente de ella, presiona las rodillas contra la parte inferior de la espalda de ella para sujetarla, e inclina el torso contra sus muslos. Ella se agarra a sus piernas para mantener el equilibrio. Él la penetra y se balancea suavemente hacia adelante y hacia atrás.

**Posesión.** Ella se tumba sobre la espalda con las piernas abiertas. Su compañero se sienta y pone las piernas hacia adelante. La toma por los hombros para regular el movimiento. Para amantes que encajen muy bien, ya que el vientre de la mujer queda levemente más arriba que el del hombre.

**El gatito.** Es una postura para actuar lentamente. Ella está tumbada boca arriba con las piernas cerradas y él encima. El sexo de ella aprisiona el de él. Él debe apoyarse sobre los codos situados por encima de los hombros de la mujer. La base del pene, al quedar el hombre más alto que en la postura del misionero, roza el clítoris.

También puede practicarse de forma que ella esté tumbada sobre su vientre y él la penetre por detrás, pero entonces él debería estimular manualmente su clítoris.

## Ella manda

**El sometido.** El hombre se acuesta sobre su espalda. La mujer se sube encima dándole la espalda y se mueve sobre él ayudándose de los brazos. El hombre tiene una vista estupenda de sus curvas y de sus nalgas, que puede tocar, y también tiene accesibilidad a sus pechos. Ella puede asomar su rostro sobre su hombro para mirarle, lo que resulta muy erótico.

**La acróbata.** El éxito de esta postura depende totalmente de la flexibilidad de ella. Él se acuesta de espaldas, ella se coloca de espaldas a él, y él la penetra. Entonces la mujer flexiona sus rodillas y se inclina hacia atrás lentamente para que el pene no se salga. Ella es quien debe moverse levantando su vientre y relajándose posteriormente sobre él. Ella echa los brazos hacia atrás para tener un punto de apoyo. Él puede acceder al clítoris y los pechos de su compañera. Ella relaja el cuerpo dentro de lo posible.

**La amazona**. El hombre se acuesta boca arriba con las piernas levemente abiertas y flexionadas hacia su pecho. Ella se acomoda en cuclillas sobre él y se sienta lentamente. Sus muslos deben sostenerla para que la penetración sea hacia arriba y hacia abajo.

**El acordeón erótico.** El hombre se tumba boca arriba y flexiona las rodillas contra el pecho. La mujer se pone a horcajadas sobre sus piernas de forma que sus muslos aprieten los de él. Desciende sobre su pene y se penetra. Cuanto más apretadas tenga él las rodillas sobre su pecho, más fácil tendrá la mujer el acceso. Ella se moverá arriba y abajo impulsándose con sus muslos. Ideal para que él descubra su sumisión y ella su poder.

## De lado

**La libélula.** Tendidos de costado, ella se sitúa de espaldas a él y ajusta su cuerpo a las formas masculinas. La mujer pasa su pierna externa flexionada por encima de las caderas de él. El hombre la penetra haciendo palanca con la pierna de ella. Las cabezas permanecen juntas y permiten el contacto visual y susurrar palabras de placer.

## Sentados

**La postura del placer.** Ella se sienta sobre el borde de la cama o de un sofá con las piernas abiertas, él se arrodilla en el suelo y la penetra. Ella pasa sus piernas por los costados de él. El hombre la toma de los hombros para acompasarse.

■ **La doma.** El hombre se sienta y la mujer se sienta encima de él. La mujer controla el ritmo, pero el hombre puede cogerla entre sus brazos para presionarla hacia él y levantarla. Los amantes pueden mirarse a los ojos y acariciarse las espaldas sutilmente para provocarse escalofríos.

■ **La medusa.** Para amantes en forma. Él se pone en cuclillas, con los pies bien firmes en el suelo, y ella se sienta sobre él, pero sin apoyar su peso. Los dos amantes pueden balancearse, o bien puede ser ella la que se mueva sobre él.

■ **La X del amor.** El hombre se sienta en el suelo con las piernas extendidas y la mujer se sienta encima de él, con las piernas sobre los brazos de él. Él debe encajar los hombros bajo las rodillas de ella. Si la mujer se echa hacia atrás y se apoya en las manos puede balancearse e imprimir movimiento. Él puede tener el control si pone las manos en las caderas de ella y las impulsa hacia adelante y hacia atrás.

## Por qué practicar **sexo**

■ Es divertido, estimulante, emocionante...
■ Equilibra el estado de ánimo.
■ Es un espléndido tratamiento de belleza.
■ Te hace sentir guapa y deseada.
■ Ayuda a compenetrarse.
■ Es una parte importantísima de la relación.
■ Da placer.
■ Ayuda a compartir.
■ Es el único pecado que no engorda, no es peligroso y no da resaca.
■ Sirve para expresar lo que os queréis.
■ Es un vicio adorable.

## Zonas erógenas femeninas

La boca es una de las zonas más sensuales del cuerpo. El labio superior está íntimamente ligado al sexo y es muy estimulante succionarlo, tanto para ellos como para nosotras. Además, durante la excitación los labios enrojecen y humedecen, por eso resulta tan sexy para (muchos) hombres el rouge de labios o un simple brillo.

Todo el cuerpo humano, tanto el de ellas como el de ellos, está surcado de zonas erógenas. Cada persona tiene su punto débil: hay mujeres que se vuelven locas cuando les tocan o succionan los pechos, existen hombres que enloquecen cuando les muerden y chupan las orejas, otros no pueden resistirse a unos húmedos mordiscos en la boca...

Normalmente tendemos a centrarnos en los pechos y en los genitales y pasamos por alto muchas otras zonas del cuerpo femenino que pueden ser muy excitantes para ambos: orejas, cuello, alrededor del ombligo, nalgas, cara interior de los muslos, dedos de las manos, pies, caderas...

Cada mujer tiene sus zonas favoritas y hay algunas que no soportan que les toquen en determinados sitios. Haz que él pruebe todo tu cuerpo de las más diversas formas (con las yemas de los dedos, con los dedos, con la mano, con la lengua, con los labios, con su pene, con sus brazos, con la boca, con la mejilla, con su torso...) y averiguad juntos en un divertido juego qué te produce placer.

Hay mujeres, por ejemplo, que no soportan que les toquen los pechos hasta que están muy excitadas, mientras que otras, en cambio, se excitan inmediatamente, aunque estén en frío, si su compañero se los toca o, incluso, si le pellizca los pezones. Hay féminas que necesitan suavidad en estas caricias, mientras que a otras les gusta una cierta fuerza, excepto si están en estado premenstrual, claro, que entonces puede ser doloroso.

Las mujeres sentimos a través de la piel. Como es más suave y sensible que la de los hombres nos da un cúmulo de sensaciones si ellos la rozan suavemente.

## Zonas erógenas masculinas

Si en el caso de las mujeres hay una cierta obsesión por los pechos y los genitales, en el caso de los hombres es mayor la dedicación a su sexo. Antes que nada, no olvides que su principal zona erógena es la vista: tu cuerpo semidesnudo, envuelto en seda y gasa o totalmente desnudo, quieto o en movimiento puede ser su mejor afrodisíaco.

Su segunda zona erógena es el oído: a los hombres les gusta oír gemir a las mujeres, quejarse, ronronear, dar pequeños gritos, decir ¡Ay! o interjecciones sin sentido, o con mucho sentido, como: «Sí, sí, así, así... no pares... ¡Oh, Dios!» También les gusta que les digamos palabras de deseo, que alabemos alguna parte de su cuerpo o su cuerpo entero, que les pidamos lo que queremos, que les digamos lo bien que lo están haciendo...

Puede que un hombre se excite mucho y esté *listo* simplemente porque le toques el pene, pero eso no quiere decir que no pueda disfrutar mucho más si su pareja explora otras zonas de su cuerpo. Los hombres tienen también muchas zonas sensibles: el cuello, la nuca, los lóbulos de las orejas, las zonas entre los dedos de la mano, las manos, las muñecas, los pulgares tanto de pies como de manos, las tetillas —aunque unos más y otros menos—, la cara interna de los muslos, los hombros, la espalda (un suave masaje sensual puede ser muy excitante, sobre todo si las manos se deslizan, ocasionalmente, a algunas zonas más sensibles como el que no quiere la cosa), el escroto y, por supuesto, la piel en general.

Una chica mala puede hacer que un hombre se vuelva loco simplemente acariciándole la piel con suaves cosquillas y caricias leves alternadas con presiones digitales y amasamientos y caricias con toda la mano... Ellos también disfrutan si les acariciamos todo el cuerpo, pero como su piel es más gruesa que la nuestra, les suelen excitar más las caricias más firmes.

**El pene.** El glande es la zona más sensible del pene pues tiene más terminaciones nerviosas. Está cubierto por el prepucio, un pliegue de piel que lo protege y lo mantiene lubricado. A veces este pliegue se extirpa, sea por recomendación del médico porque existía fimosis o por motivos religiosos —tanto en musulmanes como en judíos es habitual la circuncisión.

Los que hablan de tamaño y discuten sobre él, deben saber que el 50 % del pene está dentro del cuerpo. Si se presiona el periné, la zona que va del escroto al ano, se nota perfectamente como sigue. O sea que todo es relativo en esta vida...

Hay hombres (bastantes) a los que les excita muchísimo que cuando están a punto, les toques los testículos. Algunos prefieren una caricia suave con la mano o con la lengua; y otros, un poco más de firmeza. Pero ¡con cuidado!, que es una zona muy delicada. A otros les lleva al séptimo cielo que les lamas los pezones cuando se corren. Es cuestión de ir probando cosas y, aunque descubras algo que le gusta mucho, seguir explorando y cambiar. No hay nada peor en el sexo que caer en la rutina, aunque ésta sea aparentemente satisfactoria.

## Premisas indispensables para que haya buen sexo

- **Comunicación.** No tienes que sentir vergüenza por expresar lo que te gusta. Una relación amorosa, además de sexo, precisa cotilleos, humor, complicidad, diálogo serio, confidencias...

- **No idealizar.** Nada de pensar que el sexo es como en el cine o de obsesionarse con el orgasmo simultáneo.

- **No fingir.** Si finges un orgasmo o le haces creer que te gusta una caricia en una zona íntima que, en realidad, es demasiado fuerte para tu gusto, e incluso te duele, siempre actuará de forma equivocada.

■ **Sin rodeos.** Tanto para tener una buena disposición hacia el sexo como para saber qué le gusta a cada uno de vosotros puede se clave tener una conversación sugestiva.

■ **Sorpresa.** Sorpréndele en forma de prácticas sexuales imaginativas o cenas improvisadas tanto fuera como dentro de casa.

■ **Hazle saber** que le deseas.

■ **Abrid vuestras mentes,** sed niños en el sexo.

■ **Tolerancia.** Sed tolerantes con el otro.

■ **Paciencia.** Si las cosas no salen a la primera como esperabais, no caigáis en las recriminaciones. Seguid intentándolo gozosamente.

■ **Dedicación.** Los hombres pueden perder interés en los preliminares con el tiempo por varias razones. Quizá el problema es que te conocen demasiado y, además, están programados para conseguir objetivos claros de forma rápida e ir al grano. Se sienten cómodos contigo y, como ellos ya están listos, piensan que tú también.

## Sus prácticas **favoritas**

■ La felación, sin duda es la práctica reina entre la mayoría de hombres.
■ Que te masturbes para ellos.
■ Que observes cómo se masturba.
■ Que les preguntes por sus deseos y los hagas realidad.
■ Observarse en un espejo mientras lo hacen. ¡No te mires con ojo crítico! ¡Olvídate de pelillos y de gramitos de grasa! No es el momento. De hecho, nunca es el momento de obsesionarse con estas cosas, pero ahora menos que nunca.
■ Dar placer a su compañera, dedicarse a ella exclusivamente.

- Rasurar el vello púbico al gusto.
- Jugar con prendas interiores sexys o con lencería picante o con prendas tremendamente sexuales que parecen salidas de una película porno ¡Atrévete! ¡Y deja ya de mirarte al espejo con ojo crítico!
- Atarte...
- Que le ates...
- Hablar de sexo. No andes con rodeos.
- Compartir fantasías, pero cuidado... Él podrá aceptar una fantasía en la que estás con un actor, pero no una en la que te imaginas con su amigo... No fuerces la situación ni confieses algo inconfesable porque puede perjudicarte. Quizá sería ideal que los dos pudierais fantasear con un trío, con todo lujo de detalles, pero pocos hombres están preparados para eso. Observa sus reacciones cuando le cuentes tu fantasía o, mejor aún, pregúntale por la suya y analiza lo que te cuenta.

## Sexo oral

**La felación.** Lo importante para hacer una buena felación es esconder los dientes tras los labios y succionar al mismo tiempo, mientras con la lengua se recorren diversas partes del glande, tanto en la cara anterior como en la interior. También se puede usar una mano para proporcionar una mayor variedad de sensaciones. Además, en una masturbación combinada con la boca y la mano tienes la ventaja de que si él se acelera puedes controlar la profundidad de la inserción en la boca: tienes un mayor control sobre la situación.

Otras maniobras que se pueden hacer es abrir y cerrar la boca con el pene dentro o recorrer con la lengua el tronco, darle pequeños besos húmedos o deslizar suavemente la lengua por los testículos (pueden ser tres buenas tácticas aproximativas).

Normalmente, las zonas más sensibles del pene son: el glande (no descuides la parte superior), alrededor de la cabeza, la unión del frenillo con el glande y el orificio extremo de la uretra.

Pide a tu amante que se ponga de rodillas sobre la cama o de pie en el suelo mientras tú te pones en cuclillas o te sientas encima de la cama. La sensación de experimentar un orgasmo estando de pie puede ser muy fuerte. Además, quien practica el sexo oral tendrá una mayor movilidad en las manos para tocar otras partes del cuerpo de la pareja.

Quien recibe el sexo oral puede situarse en muchos lugares: sobre la mesa del comedor, en un sillón reclinable, en una silla, sobre la mesa del despacho, en la cocina, sobre el coche, dentro del coche...

Según el *Kama Sutra* hay ocho ejercicios que la mujer puede hacerle a un hombre para proporcionarle placer con la boca. Estos ejercicios pueden ser un buen punto de partida:

- **Unión nominal.** El pene se sostiene con una mano mientras se introduce en la boca. Con los labios oprimidos sobre él, se agita con movimientos suaves y constantes.

- **El mordisco en los costados.** Consiste en sujetar el pene con los dedos por la base, como si se tratara de un ramo de flores, e ir mordiéndolo suavemente con los labios y, un poco, con los dientes por los costados.
  Bueno, es mejor esconder los dientes siempre... Muy pocos hombres saben apreciar la presencia de dientes sobre sus preciados tesoros por muy suave que sea la caricia...

- **La succión exterior.** El pene se sujeta por la base del pene e introdúcetelo en la boca hasta el fondo. Aprieta fuertemente los labios y estíralo hacia fuera manteniendo la presión. Una vez llegado al final, abre un poco más la boca para facilitar una nueva penetración y repite la misma acción sucesivamente.
  Para evitar arcadas, es importante que tú controles hasta dónde avanza el pene en tu boca y también el ritmo. Con un poco de práctica conseguirás engullir gran parte de su pene. Piensa

que lo importante no es conseguir que desaparezca toda en tu boca, sino crear la sensación de que así es.

■ **La succión interior.** Se introduce el pene en la boca y se aprietan los labios. Entonces, se mete y se saca sucesivamente, a la vez que ejercemos presión con los labios.

■ **El beso.** La mujer sostiene el pene en su mano y lo estimula suavemente con pequeños mordiscos o pellizcos labiales. Es una buena técnica de aproximación que puede alternarse con lametones a discreción.

■ **La chupada.** Después de besar el pene de la forma descrita anteriormente, se acaricia con la lengua y se chupa el prepucio y el glande.

■ **La succión del mango.** Consiste en introducir la mitad del pene en la boca y succionarlo con fuerza, como si de un jugoso mango se tratara.

■ **Engullición.** Se introduce todo el pene en la boca apretándolo contra la garganta como si quisiéramos engullirlo totalmente. Puedes ayudarte de tus manos y aplicar movimientos de vaivén al tronco del pene. Con una de las manos puedes acariciar, al mismo tiempo, los testículos, las nalgas y la zona anal del hombre.

**El 69.** El taoísmo enseña que el sexo oral mutuo o 69 crea un circuito de energía especial que contribuye a armonizar los elementos vitales del cuerpo.

A pesar de que muchos pregonan que el 69 es la mejor forma de practicar el sexo oral, lo cierto es que a veces impide la concentración. Pero no por ello tienes que renunciar a él, puede ser una práctica sexual más.

Las tres posiciones más utilizadas son:
1. Él tumbado sobre la cama con ella encima.
2. Ella tumbada con él encima.
3. Ambos de lado sobre la cama.

Los fuertes y acrobáticos pueden probar además otra postura. Él se sitúa de pie y ella se cuelga de sus hombros con las piernas.

**Lecciones de sexo oral para él.** Una chica mala también debe informar a su amante sobre sus posibilidades. Por eso, te recomiendo que le des a leer este apartado para que él pueda sacar sus propias conclusiones. Lo primero que debe hacer el hombre es hacerle saber a su pareja que le gusta hacerlo.

Las mujeres solemos tener complejos con nuestro olor en esa zona, pero lo cierto es que a ellos les suele gustar. Tampoco te preocupes si tardas demasiado en llegar al orgasmo, él ya se espabilará. Por otro lado, en un apartado anterior ya comenté que ellos no suelen darse cuenta del dolor cuando están realizando un esfuerzo, o sea que, tranquila, mientras esté en acción ni se dará cuenta de que se está cansando, luego ya pagará, si acaso, el esfuerzo con tremendo dolor de cuello.

El primer consejo para los hombres puede parecer una verdad de Perogrullo, pero es fundamental: encontrar el clítoris. Hay mujeres que lo tienen muy evidente, pero otras no tanto... Si no se está muy seguro de lo que se está haciendo, puede ser una ayuda preguntar si le gusta una determinada caricia, pero tampoco hay que preguntarlo cada minuto (ni cada cinco minutos) porque la mujer puede acabar de los nervios. Por otro lado, también hay la posibilidad de interpretar los gemidos de la mujer.

Dirigido a las mujeres: cuando haga algo que te guste, gime con más intensidad y si va por mal camino, enmudece o, incluso, dile qué tipo de caricia te gustaría más. Sé positiva, no le hundas en la miseria diciendo que eso no te gusta, dile que te gustaría más que hiciera otra cosa. Él entenderá.

A las mujeres no suele gustarles que estimulen directamente el glande clitoriano, en general prefieren que los hombres estimulen el capuchón que lo cubre y sus alrededores, por debajo o a los lados.

Algo sobre el clítoris: aunque la parte que se ve mide sólo unos cinco milímetros cuando está inactivo y el doble cuando está excitado, internamente puede alcanzar los 16 mm. Cuando la mujer está excitada, el clítoris se pone en erección y asoma fuera de la piel que lo recubre. Además, aunque la vagina puede sufrir cambios con la menopausia y puede tener problemas de lubricación, el clítoris no se atrofia. Realmente es la llave del placer para las mujeres que, en muchos casos, no experimentan un orgasmo sino es mediante su estimulación. Olvídate de las diferentes clases de orgasmos, no hay orgasmos clitoridianos ni vaginales y unos no son mejores que otros. Sí que hay diversas intensidades de orgasmos, pero eso dependerá de la excitación previa... Cuanto más excitada estés y más puntos de placer haya tocado tu compañero, el orgasmo será más largo e intenso.

Un consejo clave: las mujeres necesitamos que nos sigan estimulando cuando llegamos al punto de *no retorno* porque, a diferencia de ellos, si se detiene la acción puede que sí retornemos o que perdamos intensidad. Además, para conseguir un orgasmo, las mujeres necesitamos que se mantenga el ritmo y la presión constantes.

**Posiciones para un buen sexo oral.** Son posiciones muy excitantes para ambos:

- **La mujer se tumba de espaldas** y el hombre pasa las piernas de ella por encima de sus hombros.

- **La mujer tumbada de espaldas con un cojín** debajo de las nalgas para alzarlas.

▨ **La mujer sentada o tumbada al borde de la cama** y el hombre arrodillado.

▨ **El hombre está tumbado** y la mujer se sitúa a horcajadas sobre su boca.

▨ **La mujer está a cuatro patas** y el hombre inicia la aproximación por detrás.

▨ **La mujer se tumba sobre su espalda** y el hombre empuja sus piernas hacia atrás de forma que las rodillas de ella se apoyan por encima de su cabeza. Sólo apto para mujeres flexibles. Tiene la gran ventaja de que se pueden ver los ojos de él mientras lame... (sin palabras).

Hay muchas caricias orales para una mujer. Experimenta poco a poco con tu pareja, pero no intentes convertirlo en una especie de maratón de sexo oral para probarlo todo en una sola sesión. Sucede igual que con las posturas; tanto cambio produce hartazgo y la sensación de estar en un circo.
Ahí van algunas ideas:

▨ **Con las yemas de los dedos,** el hombre juega con el vello público, pellizca los labios mayores, los junta y los besa lentamente.

▨ **En otros casos,** puede ser una buena aproximación una lamida con la lengua blanda y extendida, que vaya de la vagina al clítoris y luego se demore en este órgano. A la mayoría de las mujeres les gusta que la caricia en el clítoris se inicie de forma muy suave y luego se vaya aumentando la presión.

▨ **Ábrete paso separando sus labios** suavemente con la nariz y acaricia su sexo con su lengua.

■ **Forma círculos lentamente** con la nariz, labios y barbilla. Afirma tus labios a los de ella. Bésala profundamente. Mordisquea y chupa suavemente el clítoris. Intenta tomar su clítoris entre tus labios.

■ **Dale largas y suaves lamidas,** comenzando en el clítoris y acabando en la entrada de su vagina.

■ **Endurece tu lengua** y juega con ella en la entrada de su vagina, intentando introducirla dentro. Haz un movimiento de vaivén, o circularm, mientras acaricias con tus labios la zona circundante. Hay mujeres a las que no les gusta esta caricia, observa sus reacciones. Es fundamental que sepas si a tu pareja le gusta la estimulación vaginal o no. Sé constante en el ritmo.

■ **Cuando esté muy excitada** introduce un dedo en su vagina. Luego otro y no dejes de moverlos. Mientras tanto, sigue estimulando el clítoris sorbiéndolo. Observa las reacciones de ella para saber si le gustan las caricias más o menos enérgicas. En algún momento, puedes tocar sus pechos y sus pezones para incrementar las sensaciones.

■ **Puede ser que a ella le guste** que la estimules con algún objeto o que le acaricies la zona del ano o incluso introduzcas un dedo. Prueba con suavidad y si ella se niega a alguna de tus maniobras, para inmediatamente. La doble estimulación clítoris-vagina suele ser explosiva.

■ **Algunas mujeres cuando llegan al orgasmo,** y durante un corto espacio de tiempo, no soportan que les acaricien el clítoris. Asegúrate de que no sea el caso de tu pareja. Si no es así, puedes seguir estimulándola para que repita...

Estas pequeñas pistas pueden ser muy útiles, pero lo que dará la clave de lo que le gusta a cada mujer es observar sus reacciones.

## Juegos de rol

No me cansaré de decir que prepararse para el sexo es la mejor forma de que resulte placentero. Los juegos de rol en materia de sexo son numerosísimos. Muchos de ellos se centran en papeles cotidianos llevados al terreno sexual, como el clásico juego de médicos y enfermeras que, en mayor o menor medida, todos hemos practicado alguna vez, ya sea en su versión inocente, cuando éramos niños... o no tanto.

No hay límites para estos juegos y se prestan a muchas variaciones dependiendo de las preferencias de cada uno. La ventaja es que puedes ser otra y cambiar tu patrón de comportamiento, y él igual.

- **El empleador y la criada.** La criada puede limpiar el polvo ataviada sólo con un plumerito y un vestido cortito (nada de bragas). No te lo recomiendo si él no quiere saber nada de las labores domésticas, porque en lugar de ser excitante para ti pueden entrarte ganas de abofetearle.

- **El cliente y la prostituta.** Que él te pague el servicio e invítale a cenar con ese dinero al día siguiente.

- **La cliente y el gigoló.** Págale el servicio, pero luego envíalo a comprar algo muy especial para ti.

- **El médico y la paciente o la doctora y el paciente.** No hace falta decir que lo que tiene que hacer el doctor o doctora es explorar, y desde luego ese enfermo requiere un chequeo completo y a fondo...

- **La sumisa y su amo o el sumiso y su ama.** Suaves azotes en las nalgas como castigo por moverse, hablar cuando no le preguntan o no le corresponde, gemir... Alterna el placer con el dolor. Ata a tu partenaire con pañuelos o corbatas suaves.

■ **La diosa y el sacerdote.** Él debe adorarla y obedecer en todo. Antes de hacer nada, debe preguntarle si puede hacerlo, ella puede negarse y pedirle lo que quiera. Sin duda, puede ser una forma muy eficaz de que las mujeres más reacias se suelten y se animen a pedir lo que deseen.

■ **El fontanero (o butanero o electricista) y la ama de casa.** Una fantasía hecha realidad... Sin palabras, lo mejor sería procurarse un mono de trabajo y debajo un fantástico tanga.

■ **Maestra y alumno.** Muy adecuado para la disciplina inglesa y la dominación.

■ **Los dos actores porno...** Os vais a poner las botas, vosotros mismos...

■ **Maestro y alumna.** Puedes ser una Lolita picarona o una chica virginal con ropa interior blanca e inmaculada.

## Las fantasías sexuales

Tienen una alta presencia en la vida sexual de la mayoría de personas y sirven tanto para provocar la excitación o disfrutar más, como para llegar al orgasmo.

Entre las fantasías masculinas están los tríos (sobre todo con otra mujer) y el sexo en grupo. Y entre las femeninas, la sumisión, hacerlo con público, con desconocidos o por la fuerza. Tener fantasías sexuales es algo completamente normal. No debes asustarte por ello. Incluso si su contenido es salvaje. El hecho de que te excite pensar que un hombre te fuerza no significa que te gustaría que sucediera en la realidad. En la imaginación no hay dolor. Es una manifestación de la creatividad y una válvula de escape a deseos reprimidos. No olvides que por naturaleza todo lo prohibido nos atrae. ¡Permite que tu mente vuele a lo más alto! Trabaja en ser más libre y no te avergüences de tus deseos. ¡Sé mala!

En cuanto a compartir tus fantasías con tu pareja, depende del tipo de relación que tengas, pero debes tener claro que no tienes ninguna obligación de contarlas. La imaginación es una parte esencial de esa privacidad, quizá el único territorio en el que somos auténticamente libres..

Si compartir esas fantasías con tu pareja te ayuda a mejorar tu relación, hazlo. Pero si sientes que no te va a comprender o te da vergüenza, no te preocupes en absoluto. Nadie tiene derecho a invadir esa zona de ti misma.

Pero también puede darse otro tipo de situación. Quizá tu pareja es tan abierta y comprensiva que escuchar tus fantasías no solamente no le molesta sino que le excita aún más. Si ése es tu caso, adelante.

Algunas fantasías pueden llevarse a cabo en pareja y resultan de lo más excitantes, como las recreaciones de escenas de películas: el *striptease* de Jamie Lee Curtis en *Mentiras arriesgadas*, el festín de frutas y sabores de *Nueve semanas y media*, la escena de la mantequilla en *El último tango*, el polvo en la mesa de cocina en *El cartero siempre llama dos veces* o el encuentro en la piscina en *El calor de la noche*...

Si habéis llegado a un buen grado de confianza, podéis intercambiar algunas de vuestras fantasías. Empezad por algo suave e id subiendo el tono, pero recuerda: una chica mala nunca lo cuenta todo. Aunque hace todo lo posible para que su compañero sí lo haga...

## La infidelidad

A la mayoría de nosotras nos haría sentirnos fatal saber que nuestro novio o nuestro ligue, independientemente de que sea el hombre de nuestros sueños o no, se ha ido con otra. A ellos tampoco es algo que les guste mucho porque atenta contra su hombría. Además, ya sabes el sempiterno San Benito que tenemos colgadas las mujeres a las que nos gusta el sexo y, para colmo de males, lo gozamos con un hombre que no es el *nuestro*.

Bueno, no recomiendo exactamente ser infiel, pero... A nadie le amarga un dulce y, si por algún casual, cae entre tus redes un bomboncito y te lo comes, hazlo con la boca cerrada; es decir: no confieses nunca. Seguramente esa aventura de una noche, de un día o de una mañana no será nada importante y si confiesas, lo único que conseguirás es que él dude de ti para siempre. Además, sé sincera contigo misma, si se lo quieres contar no es por el bien de la relación ni porque es lo mejor para él, sino porque la culpa te pesa tanto que tienes que echársela por encima. Carga con lo tuyo y déjale en paz.

Ahora podría entrar en una larga —y típica— disquisición sobre el tema de que si lo quisieras no tendría porqué pasar algo así y que si, en lugar de una noche loca, llevas dos relaciones paralelas es porque ninguna de las dos te satisface, pero no lo voy a hacer. Las cosas no son tan fáciles, ya sea porque uno de los hombres no acaba de decidirse y el otro te hace de paño de lágrimas, porque los dos son estupendos y las cosas que te dan se complementan, porque uno es el oficial y el otro el capricho o porque uno es el actual y el otro un ex insistente...

Si no te aclaras, lo mejor que puedes hacer es pensar en ti y continuar adelante (sin que ninguno de los dos se entere, claro). No confieses nunca, te lo repetiré siempre.

Al fin y al cabo, ellos llevan siglos engañándonos y nunca ha pasado nada, que la infidelidad femenina se dispare es hasta un detalle simpático y una muestra de que estamos empezando a llevar las riendas de nuestras vidas. Por cierto, ni caso a esos hombres que dicen que las mujeres estamos tomando lo peor del género masculino y ponen el tema de la infidelidad como ejemplo. Ellos lo que quieren es que sigamos siendo las sumisas de siempre y tildan de poco femeninas o de características usurpadas a los varones a todo aquello que les puede poner en un aprieto.

Un dato: el 27 % de las personas con pareja estable han tenido relaciones sexuales con otra persona. Aunque antiguamente la infidelidad era cosa de hombres, actualmente las mujeres se están poniendo a la par: el 20 % de las españolas entre 18 y 35 años dice haber sido infiel alguna vez. Y una constatación alarmante, las españolas estamos locas: el 90 % de las mujeres infieles lo cuentan... Sin comentarios.

## Razones para **ser infiel**

- Por curiosidad.
- Porque te casaste con el primer hombre que conociste y tienes la sensación de no haber vivido.
- Por celos.
- Por venganza. Si él lo hace, yo también...
- Porque el sexo con él no funciona.
- Hay poco sexo en tu vida.
- Por huir de la rutina.
- Para reafirmar tu ego.
- Por soledad.
- Porque eres caprichosa.
- Porque trabajas rodeada de hombres.
- Porque eres la que toma las decisiones en tu familia. Las mujeres que dominan sus propias vidas y la de las personas que tienen a su alrededor son más proclives a tener aventuras.
- Tu pareja te quiere más de lo que tú la quieres a ella.
- Tu matrimonio es infeliz.
- Has tenido una pérdida importante recientemente.

## 66 ideas locas

1. Hazle un masaje tailandés. No importa si no conoces la técnica exacta, bastará con que sepas que se hace con todo el cuerpo.

2. Ábrele la puerta vestida sólo con un camisón transparente, con un jersey amplio sin nada debajo, o con una corbata como único atavío.

3. Apúntate al fetichismo. Déjate siempre una prenda de ropa puesta cuando hagáis el amor: unos zapatos de tacón, unas botas altas, un tanga, el sujetador, un corpiño, un tenue camisón...

4. Aprende a bailar la danza del vientre y sedúcele.

5. Grabaros en vídeo mientras lo hacéis. No olvides destruir la cinta una vez la hayáis visto (y repetido la experiencia con ella).

6. Tened sexo por teléfono. No te cortes y dile qué quieres que *te haga* y *hazle* lo que desee.

7. Quítale la ropa con los dientes.

8. Cómete un helado antes de practicar una felación. Además de que podéis volveros locos con la anticipación, luego tú boca estará fría y provocará sensaciones diversas en él.

9. Ten preparado un té a la menta caliente y una bebida fría. Mientras estés practicando una felación ve alternando sorbos para calentar y enfriar tu boca.. Para que sea más natural, podéis plantearos vuestro encuentro sexual como un festín de sabores y tener a mano bombones, frutas confitadas y otros dulces.

10. Ponte de pie frente a él y desnúdate en silencio lentamente. Puede haber un toque más perverso si él está hablando por teléfono.

11. Hazle un *masaje* con tu melena, que se deslice por todo su cuerpo.

12. Mastúrbale con tu melena.

13. Sitúate de frente a un espejo de cuerpo entero e invítale a que te penetre.

14. Mírale a los ojos cuando te corras.

15. Mírale a los ojos cuando practicas una felación.

16. Deciros por turno lo que deseáis.

17. Dile que esta noche eres suya y harás realidad sus fantasías.

18. Dile que esta noche es tuyo y debe obedecerte.
19. Haz que te obedezca y, cuando lo tengas a punto de caramelo, pídele que asuma el mando.
20. Dúchate para él, concentrándote en cada zona de tu cuerpo, pero no permitas que te toque hasta que hayas terminado.
21. Véndale los ojos.
22. Cortad trocitos de frutas y ponedlos en vuestras zonas erógenas. No vale usar las manos.
23. Quedad a una hora para masturbaros, cada uno en su casa.
24. Pídele que haga las tareas de la casa ataviado con un delantal y un plumero.
25. Ponte a planchar desnuda... ¡El vapor de la plancha da tanto calor!
26. Enséñale a masturbarte.
27. Duchaos juntos y jugad.
28. Hacedlo en la ducha bien embadurnados de resbaloso y sexy jabón.
29. Llámale durante el día y dile qué le vas a hacer cuando le veas. En cuanto le eches la mano encima, haz lo prometido y recuérdaselo punto por punto mientras lo haces.
30. Corre casi desnuda por la casa y deja que te atrape...
31. Átale a la cama con lazos de seda.
32. No te desnudes totalmente, déjate un tanga puesto y un sujetador de encajes transparente que permita sacar tus pechos por encima, unas medias hasta media pierna con liguero, unos zapatos de tacón, una cadenita en la cintura...
33. Véndale los ojos y haz que se sitúe desnudo en el centro de la habitación sin moverse. Aléjate y espera un rato. Luego acércate y tócale en una zona del cuerpo, acaríciale, pellízcale, pégale un manotazo (no muy fuerte) con la mano plana en las nalgas... Haz cosas que no espere, pero tómate tu tiempo entre acción y acción.
34. Haz que tu amante llame por teléfono mientras le estimulas oralmente.
35. Ábrele la puerta totalmente desnuda.

36. Ve a verle a su casa en ropa interior y medias y con sólo un abrigo por encima. El trayecto hacia su casa puede ser tremendamente excitante y turbador.
37. Entra en un chat de sexo y busca un interlocutor con imaginación. Contadle que estáis juntos tocándoos. Podéis cambiar de manos para teclear de forma que los dos podáis tocar... y vuestro interlocutor os diga qué tenéis qué hacer.
38. Hacedlo en un probador.
39. Hacedlo vestidos.
40. Hacedlo con él totalmente vestido y tú desnuda.
41. Hacedlo contigo totalmente vestida y él desnudo.
42. Hacedlo en el campo con el canto de los pajaritos de fondo.
43. Pídele que te folle. Sí, con estas mismas palabras.
44. Retrasa tu orgasmo dos o tres veces.
45. Retrasa su orgasmo.
46. Desnúdate y envuélvete en plástico transparente (sí, ese rollo de cocina, papel *film*). La cabeza no.
47. Disfrázate de criada, enfermera, colegiala o esclava de harén... con un mini vestido y sin bragas.
48. Jugad a un strip póquer o a un juego de mesa erótico. Si os atrevéis, podéis invitar a un par de parejas más.
49. Ábrele la puerta y bésale apasionadamente.
50. Rasúrale el pubis. Le encantará: se la verá más grande.
51. Llena la bañera de espuma y sumergíos los dos en ella, cuerpo a cuerpo, para luchar o para lo que sea.
52. Preséntale a tu juguete sexual y disfrutadlo juntos.
53. Pon un preservativo a tu juguete sexual y compártelo con él. Igual te cuesta que venza su fobia homosexual, pero con mucha picardía, mucha imaginación, muchas ganas de transgredir y mucho lubricante, puede ser muy placentero. Ve poco a poco con él para que se vaya acostumbrando. Puedes empezar con la yema de tu dedo y seguir otro día con el dedo...
54. Dejaos llevar por un polvo rápido justo antes de que lleguen los invitados o vuestra familia.

55. Haz que te la meta sólo un poquito... y que dé empujones cortitos.

56. Haz que te compre un juguete sexual.

57. No le dejes usar las manos en un buen rato. Bésale en la boca sujetándole las muñecas detrás de su espalda.

58. Baila sobre su cuerpo. Aprende a mover las caderas en círculo. Ritmo lento, ritmo endemoniado... éxito asegurado.

59. Id juntos a un *sex shop* y adquirid ropa picante y algún juguete.

60. Ve a verle sin ropa interior y házselo saber de una forma... Mmmmm sutil y directa.

61. Hacedlo por toda la casa. Sí, una postura por cada habitación.

62. Planead una sesión de belleza con muchas cremas, muchos masajes, afeitado sexy, lavados de cabeza mutuos... Lo importante es embellecer y disfrutar de todo vuestro cuerpo.

63. Déjale un mensaje candente en el buzón de voz.

64. Invítale a que se corra sobre tu cuerpo. El semen resbalando por tu vientre y tu pecho es una visión muy sensual.

65. Invítale a que se corra en tu boca (no, el semen no sabe mal y si él ha comido frutas un par de horas antes o un licor azucarado será mejor).

66. Toma vainilla un par de horas antes de vuestro encuentro para variar agradablemente tu sabor íntimo.

# Para chicas
# muy traviesas

## El sadomasoquismo

Para algunos, el sadomasoquismo es sólo un juego de cama en el que pueden hacer realidad algunas fantasías de dominación o sumisión, dependiendo del caso. Pero para otros, es una forma de vida que no sólo se refiere al terreno sexual. En cualquier caso, las normas son complejas y las reservas también. No hace falta que apliques sus normas a raja tabla, ni que te conviertas en una perversa ama o en una sumisa esclava, pero si quieres incluir algunos ingredientes de este calibre en tu vida sexual y convertirte en una auténtica chica mala, convendrá que estés familiarizada con los términos

**Bondage.** Se trata de atar a la otra persona con cuerdas o con cualquier otro material que entorpezca sus movimientos y le ponga a tu entera disposición. Puedes usar pañuelos de seda, corbatas, medias y otros elementos similares que tengas por casa para improvisar una sesión de *bondage*. Luego, cuando le tengas a tu merced, sé creativa y hazle sufrir un poco, excitándole para marcharte después de la habitación durante unos minutos... O bien, acariciándote y masturbándote sin que él pueda tocarte. Todo lo que tú quieras, él está en tus manos... Esa es precisamente la sensación que buscan los practicantes del *bondage*: poner el énfasis en la vulnerabilidad del dominado y en su indefensión y hacer que sus alarmas se disparen de forma placentera ante la incertidumbre de lo que va a ocurrir.

Incluso, puedes agudizar las sensaciones del sumiso privándole de otros sentidos mediante capuchas, mordazas o antifaces. El no saber qué va a pasar hace que los sentidos y la imaginación se disparen.

**Pinzas.** Las pinzas crean una sensación agridulce de mezcla de dolor y placer. Hay muchos tipos de pinzas que se pueden usar en los pezones, labios exteriores e internos, escroto, pene, clítoris y otros muchos lugares. Para iniciarte, te recomiendo que empieces por los pezones. Aunque algunos usan pinzas fabricadas para estos propósitos también se usan pinzas de la ropa. Dependiendo del tipo de pinza pueden causar una ligera presión o un dolor insoportable. Cuanto más firme sea la presión que ejercen, menos tiempo pueden dejarse puestas porque entorpecen el riego sanguíneo.

Para suavizar la presión de las pinzas se pueden abrir a mano con unos alicates. Los entendidos recomiendan poner las pinzas en la aureola y no en el pezón.

**Waxing.** La cera caliente es para muchas parejas no sadomasoquistas una opción atrevida a la que les gusta jugar. De todas formas, hay que tener mucho cuidado con qué se hace y cómo porque puede ser peligroso.

Los expertos recomiendan usar cera de parafina, porque quema a temperatura más baja que las otras. También hay quien compra la cera en bloques pequeños y se hace sus propias velas al gusto.

En cuanto a los colores, mejor los colores claros. No hay que usar velas rojas, porque se calientan más, ni velas metalizadas, porque contienen metales que funden a temperaturas muy altas y podrían causar quemaduras. Tampoco debe usarse cera de abeja. Las velas más manejables son las que tienen seis centímetros de diámetro y de diez a veinte centímetros de altura, porque permiten que la cera se concentre cuando están encendidas. Haz con un cuchillo una pequeña incisión en el extremo de la vela para facilitar que caiga la cera.

Para evitar que la piel se irrite, puedes aplicar aceite de masaje (no aceite de bebé ya que se calienta fácilmente). También puedes depilar la zona para evitar luego molestos tirones de pelo.

Sostén la vela a unos veinte o treinta centímetros de tu pareja y deja que gotee despacio. Cuanto más cerca esté la vela de la piel, más caliente estará la cera que caiga y al revés.

Ten a mano un bol con agua fría para echarlo rápidamente sobre la cera en el caso de que hayas calculado mal y esté demasiado caliente.

Algunas precauciones elementales son disponer de un portavelas sobre una mesa estable para poner la vela cuando no se usa, tener a mano un extintor por si se hace un desastre, y adquirir aloe vera para calmar la piel después del juego.

Además de usarse para *waxing*, las velas también se usan a modo de consolador ya que son maleables y se pueden tallar diversas formas con ellas.

**Spanking.** Se trata de pegar con la mano. Normalmente se golpean las nalgas y la parte superior de los muslos con la mano plana.

Puedes probar a azotar a tu pareja en las nalgas con la mano abierta cuando lo estéis haciendo o que él te azote cuando te esté penetrando y tus nalgas estén expuestas según la postura.

Si queréis una sesión más en serio, hay varias posiciones para practicarlo. La mayoría de ellas sitúan al azotado con el cuerpo inclinado de forma que ofrece sus nalgas a quien le va a azotar.

La posición clásica del azotado es colocarse encima de las rodillas del azotador. Las caderas deben descansar sobre el muslo de la mano que vaya a usarse. El azotador, que estará cómodamente sentado en una silla recta, debe poner su brazo en la parte más baja de quien va a recibir los golpes, sujetando la cintura con la mano y dejando descansar el codo a la altura de los omóplatos. El sexo del azotado está en contacto con la pierna del azotador, lo que también es muy excitante ya que permite el roce.

El azotado también se puede colocar boca abajo sobre una superficie plana elevando las caderas con almohadas o inclinarse sobre una mesa o doblarse hasta asirse los tobillos o rodillas.

También es habitual golpear, con menor intensidad, la parte alta de los muslos y los genitales.

Dicen los entendidos que una buena sesión de *spanking*, con golpes suaves pero continuos alternados con caricias, besos, mordiscos y juguetes sexuales con los que provocar a la pareja puede ser muy estimulante.

Después de la sesión, el azotador debería mostrarle su cariño a su pareja y, también, extender una loción refrescante sobre las partes doloridas.

**Azotes.** Hay muchos instrumentos para azotar a una persona, una de las prácticas más extendidas en el sadomasoquismo, forma de vida que, por otro lado, no se basa sólo en el dolor sino también en la humillación del esclavo.

La intensidad también varía, vosotros podéis probar con suaves azotes que piquen un poco, pero que no lleguen a ser dolorosos y, en el caso de que a alguno de los dos os guste, subir la intensidad o cambiar a un instrumento que proporcione más dolor.

Seguid el ejemplo de los practicantes veteranos en el sadomasoquismo e iniciados en el juego del dolor y pactad una palabra para que la diga quien esté recibiendo el castigo. Es muy fácil decir *basta* o *no*, pero cuesta más decir vuestra palabra secreta por lo que cuando el que esté recibiendo el castigo la diga el otro sabrá que debe parar sin ningún género de duda porque su pareja no desea seguir con el juego.

Para evitar lesiones en los tendones, no debéis golpear la parte inferior de la pierna, la espinilla y la parte posterior de ésta, así como las articulaciones en general. Tampoco es buena idea azotar el abdomen porque alberga el hígado y otros órganos delicados. Una buena zona para golpear es el culo, porque tiene músculos fuertes y una buena capa de grasa que lo protege. Además, no alberga ningún órgano.

Para iniciaros, puede ser conveniente empezar con instrumentos con una mayor superficie, ya que reparten más el golpe y hacen menos daño, e ir disminuyendo el tamaño hasta llegar a la fusta o el flagelo. Pega con suavidad al principio, observando las reacciones de tu víctima. Y no prolongues las sesiones, ya que golpes continuados, aunque sean suaves, también pueden ser muy dolorosos.

Para adquirir habilidad y puntería puede ser una idea empezar a practicar con un cojín. Si descubrís que el sadomasoquismo es lo vuestro, lo mejor que podéis hacer es leer sobre el tema, aunque no hay mucha literatura publicada; en Internet funcionan muchos clubs de socios que editan revistas digitales que contienen todo tipo de información sobre la forma más segura de administrar azotes y otros castigos.

**Flagelos.** Son utensilios para azotes suaves. Son de materiales diversos, desde los más suaves hechos de cuerda de nailon destrenzada, seda o terciopelo hasta algunos más firmes elaborados con cueros ligeros.

Crean un ruido sordo, pero, manejados con destreza, son más ruidosos que otra cosa. Se utilizan como ejercicio de calentamiento para la sesión. Se puede azotar con ellos en diversas zonas: la parte alta de la espalda, los hombros, las nalgas, los muslos, los pies, los pechos y los genitales. Los flagelos suaves no dejan marca ni tampoco magulladuras si se tiene en cuenta no golpear demasiado la misma área. Si las hebras terminan en punta son más mordientes y hay más facilidad de que se produzcan heridas. Si se hacen nudos en las hebras o se trenzan el impacto es mayor.

Los flagelos de densidad media como la *Cola de caballo* (llamada así porque está compuesta de muchos hilos finos, del grosor de un cordón de zapato de cuero) o *El gato nueve colas* (llamado así porque tiene nueve hebras) producen sensaciones más intensas y son usados después del calentamiento. Cuantas menos hebras haya, la velocidad y la fuerza al golpear serán mayores.

Lo más conveniente es ser suave, fijarse en cómo reacciona el otro y también observar las propias reacciones ante el dolor. Hablad sobre lo que experimentáis con estas prácticas y sobre dónde están vuestros límites.

**Paletas, fustas...** Las paletas, que pueden ser de tamaños y materiales muy variados, como madera, cuero o plástico, se usan sólo para golpear nalgas y muslos porque son demasiado contundentes para otras partes del cuerpo. Las que tienen agujeros presentan una menor resistencia al aire, por lo que pueden golpear con mayor velocidad y fuerza. Hay paletas pequeñas para golpear solo una nalga y otras mayores que pueden golpear las dos nalgas a la vez. El dolor que causa la paleta tiende a permanecer más que el de otros instrumentos.

Las fustas también pueden ser de diferentes tamaños y formas. Las mejores son las que terminan en una lengüeta de cuero en lugar de en punta. Se puede golpear con la fusta las nalgas, los muslos y los pies, además de los pechos, los órganos genitales y la parte superior de la espalda, aunque los golpes deben ser más suaves.

## Algunos juegos traviesos

**Hablar sucio.** Nos han enseñado que las chicas buenas no dicen palabrotas ni cosas sucias, pero nosotras somos chicas malas que queremos ser dueñas de nuestro cuerpo, de nuestro lenguaje y de nuestra lengua.

Transgredir los límites puede ser muy sexy. A estas alturas, seguro que has aprendido ya a hacerle saber con gemidos o con silencios cómo estás y si te gusta lo que hace o hacéis.

Ahora es el momento de dar un paso más y empezar a pedir lo que quieres de forma sexy y hasta procaz. No serás una auténtica chica mala hasta que le susurres palabras calientes al oído. No se trata de que te conviertas en un camionero, aunque un explícito «fóllame», en su momento, puede hacer mucho por vuestra vida sexual. Puedes empezar por susurrarle cosas como: «Así, más rápido» o «Más fuerte…» y continuar con frases como: «Lámeme los pechos», «Cómeme las tetas» o hasta «Cómeme el coño». Sexo de alto voltaje entre dos personas sin tapujos...

Si no te sale natural (cosa que no me puedo creer, dado que eres una chica mala), no hace falta que digas ninguna palabra tan bestia, basta con frases como «Estoy húmeda», «Estoy como una moto» o, aún más suave «Te deseo tanto…».

Una frase como: «Haz que me corra», «Soy tuya» o «Pídeme lo que quieras» puede ser el mejor afrodisíaco del mundo. Sobre todo si lo dices lentamente, acentuando los registros sexys de tu voz, haciéndola más profunda...

## Sexo anal

Lo cierto es que es una práctica que resulta tabú porque el ano es una zona que se asocia con la suciedad, pero no debemos considerarlo así. Muchas personas disfrutan con la estimulación anal, sobre todo si se trata de caricias.

Aunque el sexo anal carga con el peso de ser una de las formas más habituales de transmisión del sida, su práctica con preservativo es segura.

El sexo anal gusta por el morbo de lo prohibido, pero también porque el ano tiene muchas terminaciones nerviosas y se congestiona durante la excitación. Dicho de otra forma, es una zona muy sensible. Es algo que, como todo en el sexo, debe hacerse cuando ambos participantes estén convencidos, no por contentar al otro.

Además, en el hombre es la forma más efectiva de estimular la raíz del pene y la próstata, un equivalente al punto G femenino.

A muchos hombres les gustaría probarlo, tanto en un lado como en otro... Con cuidado, excitación y un lubricante todas las fantasías son posibles. Para abrir camino, es recomendable empezar con la introducción de un dedo y, si va bien, un segundo dedo. La introducción del pene o juguete sexual debe hacerse poco a poco y con mucho cuidado. Introduce un centímetro y luego espera un poco para que el receptor, que debe estar relajado y excitado, se acostumbre. Si le duele, para inmediatamente. Si es porque está poco excitado o lubricado, soluciona el problema y seguid luego, pero si es porque está nervioso o se siente inseguro, dejadlo para otro día. Lo mismo vale al revés. Recuerda que puedes parar en cualquier momento o incluso decidir que no quieres jugar más a ese juego.

Si no te atreves a hablar del tema con tu pareja, haz una aproximación hacia su periné y observa su reacción. Quizá se deje hacer y se mueva para exponerse más al contacto anal... Pero también es posible que se aparte o se tense porque no esté muy seguro de lo que quiere. A muchos hombres les da miedo dejarse hacer porque temen que sus mujeres piensen que son homosexuales.

Usa siempre preservativo y no introduzcas en la vagina o en la boca sin lavarlo previamente nada que haya estado en contacto con el ano.

También hay muchas personas que disfrutan del *analingus* o estimulación bucal del ano con varias técnicas:

- Largo lengüetazo muy mojado por toda la zona (sin pasar por la vagina).
- Un rápido revoloteo con la lengua en el ano.
- Succiones.
- Movimientos rotatorios de lengua.

▓ Y el beso negro, o la introducción de la lengua en el ano. Se ruega suavidad y mucha estimulación previa y, también, simultáneamente las manos están libres para tocar otras zonas...

La precaución mínima, en el caso de que no seáis pareja habitual de total confianza, es hacer un parche con un preservativo abierto y ponerlo sobre la zona a explorar para evitar el contacto directo.

### Posturas para la penetración

▓ **Por atrás.** Es la más practicada porque permite la estimulación fácil de los genitales, tanto en el hombre como en la mujer, y una gran libertad de movimientos.

▓ **Misionero.** Favorece la comunicación entre los dos amantes y permite tocar otras partes del cuerpo.

▓ **Cucharas.** No permite la penetración en profundidad, lo que puede ser una ventaja. Además, permite hacerlo lentamente, y la estimulación del clítoris de la mujer.

## Consoladores y vibradores

Hay muchos tipos diferentes de consoladores y vibradores. Existen en todas las formas y tamaños así como en materiales y colores diferentes. Podéis introducirlos en vuestra vida sexual como un complemento más. No deben ser demasiado largos ni demasiado gruesos para no causar daños y deben ser redondeados y sin puntas...

En el caso de que se inserten en el ano (se llaman *plugs* y están diseñados para que no puedan perderse dentro del cuerpo) no deberían ser mayores de 15 cm de largo y 5 cm de ancho. Para un consolador o un vibrador que se va a insertar en la vagina, el tamaño máximo debería ser de 20 cm de largo y 5 cm de grosor, aunque la mayoría seguramente preferirá versiones más manejables.

Antes de usar un juguete sexual es importante lubricar la zona. Para ello se debe usar un lubricante con base de agua ya que los lubricantes que contienen aceites o derivados del petróleo pueden dañar el material de los artículos. Si los artículos los va a usar más de una persona, deben recubrirse con un condón.

Los vibradores pueden ser muy placenteros porque hacen por sí mismos gran parte del trabajo. Hay quien argumenta que si alguien se acostumbra a su fuerza, luego no encontrará el gusto con su mano; pero, como en todo, si no se abusa no pasa nada. No lo conviertas en la única forma de masturbarte.

Antes de usar un juguete, asegúrate de que no presenta daños, especialmente si es un vibrador que va con pilas. Si se calienta, deja de usarlo. Asimismo, si ves cualquier síntoma de corrosión o desperfecto en el compartimiento donde van las pilas, debes desecharlo.

## Pequeño vocabulario **del juguete sexual**

- **Bolas japonesas o chinas.** Son un par de bolas unidas por un hilo que se insertan en la vagina. En su interior llevan una bola más pequeña que se mueve cuando se agita con el vaivén de quien las lleva dentro. Las mujeres que las usan cuentan que da mucho morbo llevarlas puestas mientras hacen vida normal: por la calle, en el trabajo...
- **Consolador.** Nombre con el que se conocen los instrumentos para la penetración vaginal o anal. Actualmente no es muy apreciado porque se considera que es un término machista, ya que sugiere que es un sustituto del pene cuando no se tiene pareja masculina. Se prefiere el término «dildo».
- **Dildo.** Se llama así a cualquier objeto utilizado para la penetración vaginal o anal. Sirven para usarse en pareja, para darse placer anal, o para estimular la vagina o el ano —o ambos— cuando la mujer se masturba, o dobles para usar a dúo, generalmente en relaciones lésbicas.

- **Vibradores.** Su uso preferente suele ser para la estimulación externa, preferiblemente en el clítoris.
- **Bragas estimulantes.** Se accionan por control remoto y pueden permitir muchos juegos...
- **Huevo de jade.** Se introduce en la vagina y ayuda a intensificar los orgasmos y a fortalecer la musculatura vaginal. Está perforado y tiene un pequeño cordón para tirar de él y extraerlo cuando lo desees.
- **Mariposas.** Son aparatos vibradores que se sujetan mediante tiras elásticas sobre el clítoris.
- **Plugs.** Son especiales para la penetración anal y tienen forma piramidal para evitar que se deslicen dentro del cuerpo.

## Ligar en Internet

Ligar en Internet puede ser muy estimulante. Tanto si te limitas al contacto virtual —que permite todas las fantasías—, como si quedas de forma inocente con alguna de tus presas en una cita de reconocimiento, puede ser una estupenda opción de hallar nuevas víctimas con las que poner en práctica tu «maldad».

La ventaja es que todo es posible en Internet y que puedes estar en zapatillas y pijama y convertirte en la reina del *glamour* mediante tus frases.

Puedes poner anuncios, pero no es la mejor opción... Es mucho mejor entrar en un chat y conocer gente, coquetear, enviar correos sugerentes... Con el tiempo, además de flirtear con un buen número de hombres —la mayoría probablemente casados—, tendrás tu propio círculo de amigos, repartidos geográficamente por toda España o por medio mundo. El intercambio de informaciones, noticias y cartas con ellos puede ser muy gratificante y enriquecedor... Fíjate que Internet ha vuelto a poner de moda las cartas que, además, tienen la agradable ventaja añadida de la inmediatez en la recepción. Para muchos, el correo electrónico ha sido una forma de redescubrir su romanticismo y su pasión.

Otra ventaja de Internet es que se presta a las confidencias ya que no tienes a la persona enfrente escrutándote. Tampoco hay prejuicios porque no sabes cómo es físicamente el otro. Se conoce antes el interior de la persona (salvo que se engañe conscientemente) que el exterior y hay un gran clima para la intimidad.

Si no quieres quedarte en el mundo virtual y quieres conocer hombres de tu región, hay chats que están divididos por zonas geográficas. Si entras en el juego de la red te esperan cartas divertidas, mensajes cariñosos, flirteos, emoción y muchas otras sensaciones.

Para entrar en el juego, sólo debes crearte una personalidad cibernética... Realza una parte de ti para diferenciarte del resto. Si tienes una parte alocada, poténciala; o puede que incluso tengas un sentido del humor surrealista o seas mordaz... Suena diferente al resto y crea tus propias expresiones que permitan que los demás te reconozcan e identifiquen.

## Decálogo de las **chicas malas**

1. Las chicas buenas se despiden con un beso y dando las gracias por la cena. Las chicas malas se despiden con un beso y dando las gracias por el desayuno.

2. Las chicas buenas piden perdón, las chicas malas hacen que los demás pidan perdón, aun cuando puede ser que ellas tengan la culpa...

3. Las chicas buenas esperan sentadas a que sus novios las llamen, las chicas malas hacen esperar a sus novios cuando las llaman, quizá porque están coqueteando con otros...

4. Las chicas buenas rezan para que sus novios encuentren su punto G, las chicas malas enseñan a sus chicos todo lo que deben saber sobre su cuerpo.

5. Las chicas buenas se esfuerzan por gustar a los demás, las chicas malas hacen que los demás se esfuercen por gustarles. Especialmente en el sexo.

6. Las chicas buenas nunca dicen una palabra más alta que la otra, las chicas malas expresan claramente lo que desean y alzan la voz si es preciso.

➤

7. Las chicas buenas saben decir «No», las chicas malas saben decir «No», pero también «Sí, sí, sí».

8. Las chicas buenas tienen novio y no miran a otros, las chicas malas miran de forma que su novio no se entere.

9. Las chicas buenas no miran a los hombres casados, las chicas malas no son celosas.

10. Las chicas buenas odian la manipulación, las chicas malas odian la manipulación... que se dirige contra ellas.

## Otros títulos publicados

**ABC de las chicas.** Adriana Ortemberg
**Te voy a embrujar.** Rebeca de Manderley y Claudia Antist
**Sueños salvajes.** Lisa Sussman
**Segura de ti.** Wendy Bristow
**Sin pareja y feliz.** Wendy Bristow
**Cómo atraer a cualquier persona...** Claudia Ponte
**Cómo encontrar pareja.** Paz Torrabadella
**Cómo desarrollar la inteligencia emocional en el amor.**
    Paz Torrabadella
**Tratamientos naturales para la celulitis.** Tina Robbins


**Cómo volver loco a tu hombre en la cama.** Tina Robbins
**Orgasmo en 5 minutos.** Tina Robbins
**El tao de la energía sexual.** Emmanuelle Temis
**Vídeo erótico casero.** Serena Vallés
**Secretos sexuales.** B. Chichester y K. Robinson